Albrecht Kiedaisch

Minilexikon zur **Sozialen Dreigliederung** Rudolf Steiners

Verlag Zukunft Mensch

Impressum

Autor: Albrecht Kiedaisch
ISBN 978-3-96743-008-0

Zitate von Rudolf Steiner mit freundlicher Genehmigung der Rudolf Steiner Nachlassverwaltung Bibliografische Informationen der Deutschen Bibliothek. Die Deutsche Bibliothek verzeichnet diese Publikation in der Deutschen Nationalbibliografie; detaillierte bibliografische Daten sind im Internet unter http://dnb.ddb.de abrufbar.

Titel, Gestaltung und typografisches Design: Davide Zavatti
Abbildung Titelseite: Dreierschleife, Entwurf Albrecht Kiedaisch, Bronzeguss
Printed in Austria - Druckerei Roser GmbH - Salzburg

Verlag Zukunft Mensch
Schulstraße 7b
83454 Anger / Aufham
Germany

Verlag und Autor sind zu erreichen unter:
www.akademie-zukunft-mensch.com
info@akademie-zukunft-mensch.com

Die Wissenschaft der Sozialen Dreigliederung ist ein umfassendes Werk von Dr. Rudolf Steiner. Es ist zukunftsweisend!

Dieses Mini-Lexikon ist hervorragend geeignet für alle, die sich sozial und politisch engagieren wollen. Klein und kompakt, damit man auch unterwegs jederzeit Zugriff auf die wesentlichen Inhalte dieser Wissenschaft hat.

Axel Burkart
Herausgeber

Wer sich systematisch mit der Sozialen Dreigliederung befassen will, hier einige Informationen:

1. **Studiengang „Soziale Dreigliederung“ an der Rudolf Steiner Holiversität:**
   https://akademie-zukunft-mensch.com/studiengang-dreigliederung/

2. **Videolehrgang „Soziale Dreigliederung:**
   https://akademie-zukunft-mensch.com/videolehrgang-dreigliederung/

3. **Bücher zur Sozialen Dreigliederung:**
   https://akademie-zukunft-mensch.com/shop/grundfragen/
   https://akademie-zukunft-mensch.com/shop/kernpunkte/

Vorwort

Das Werk Rudolf Steiners ist immer noch ein kaum besiedeltes Gebirge, ein Wissensberg, der nicht leicht gangbar ist. Gehversuche sind aber lohnend. Man hat dabei nicht gleich beglückende Erlebnisse, aber man findet keimfähige Gedanken, die sich in vielen Fällen schon als fruchtbar erwiesen haben. Ein Notvorrat davon speziell zur „Sozialen Dreigliederung" ist hier zusammengestellt. Meditieren gegen schlechte Politik reicht nicht. Wir brauchen neue Begriffe.

Im Zentrum stehen nicht soziale Forderungen, sondern die Frage nach dem freien Menschen. Er kann sein Zusammenleben und Wirtschaften selbst gestalten und muss nicht intelligent gesteuert werden. Steiner hat die ursprünglich aus der Arbeiterschaft kommende Soziale Frage aufgegriffen, mit seiner „Anthroposophie" aber auch spirituell Suchende angesprochen. Nur wenige seiner Zuhörer oder Leser wollten beide Felder verbinden. Die Soziale Frage als geistige Frage sehen zu lernen, ist immer noch Neuland. Für Steiner sind die Kämpfe der Gegenwart ein Aufbäumen des Menschen gegen das,

„was die Menschheit umspinnen will wie ein aussermenschlich Objektives, wie ein soziales Irrenhaus." Welche Gedanken führen uns über das Aufbäumen hinaus weiter? Wie können sich die vielen Einzelnen aus eigenem Willen und ohne Bevormundung zusammenfinden?

Diese Sammlung ist ein Überblick über die wichtigsten Begriffe der Dreigliederung. Ein einzelner Begriff umfasst oft vielfältige Zusammenhänge. Unter einem Stichwort können verschiedene Seiten eines Begriffes nebeneinander erscheinen. Aussagen aus unterschiedlichen Quellen sind aber jeweils so aneinandergereiht, dass man ihn in Umrissen erfassen kann. Der Zusammenhang zwischen den Begriffen wird über den jeweiligen Inhalt hinaus durch gegenseitige Verweise deutlicher. - Die Stichworte sind alphabetisch zusammengestellt. Was in Anführungszeichen steht ist Originaltext Rudolf Steiner, das Übrige ist eine möglichst adäquate Zusammenfassung. Die erste Zahl der Quellenangabe bedeutet die Nummer des Bandes in der Rudolf Steiner Gesamtausgabe, die zweite die Seitenzahl. „Molt" verweist auf Zitate aus: Emil Molt, Entwurf meiner Lebensbeschreibung, 1972.

Wer sich weiter vertiefen will, findet mehr und ausführlichere Zitate online oder als Printausgabe bei www.dreigliederung.de > Dreigliederung > Artikel und Essays > Autor > Kiedaisch. Dort ist auch eine ausführliche Quellensammlung zu finden. Das Mini-Lexikon kann durch seine Übersichtlichkeit ein Schlüssel zu der umfangreicheren Sammlung sein. - Das Beste ist, Rudolf Steiner direkt zu lesen. Zum Beispiel seine „Philosophie der Freiheit“ oder die „Kernpunkte der sozialen Frage“. Die meisten Steiner-Texte sind im Internet verfügbar, z.B. bei bdn-steiner.ru, dort bei GA-Katalog.

Albrecht Kiedaisch
Tübingen, Herbst 2020

INHALT

Altruismus: (>Brüderlichkeit, >Egoismus, >Sozial, antisozial) Durch die Arbeitsteilung ist „der Altruismus als Forderung schneller auf wirtschaftlichem Gebiet aufgetreten, als er auf religiös-ethischem Gebiet begriffen worden ist." *(340, 46)* Wahre Brüderlichkeit muss also auf dem Boden des Wirtschaftslebens eingerichtet werden und „rein in der Zirkulation der volkswirtschaftlichen Elemente drinnenstecken". *(340, 153)* „Das Streben nach Selbstlosigkeit macht egoistisch .. man muss sich nicht delektieren an seiner eigenen Selbstlosigkeit." *(176, 363)* Der einzelne Selbstlose vermag nicht viel in einer auf den Eigennutz aufgebauten Gemeinschaft. Das wäre anders, wenn die uneigennützige Arbeit eine allgemeine wäre. *(34, 208)*

Arbeit: Der Mensch hat dem Tier voraus, dass er am Zustandekommen der Nahrung arbeitet. Mit dem gegenseitigen Arbeiten beginnt der Gedanke und damit die soziale Frage. *(194, 215)* „Wann ist der Mensch sinnlos tätig? Sinnlos tätig ist er, wenn er nur so tätig ist, wie es sein Leib erfordert. Sinnvoll tätig ist er, wenn er so tätig ist, wie es seine Umgebung erfordert." *(293, 182)* Der Begriff der volkswirtschaftlichen Arbeit „liegt dann vor, wenn man ein Naturprodukt vor sich hat, das durch menschliche Tätigkeit verändert worden ist mit dem Zweck, konsumiert zu werden. .. Nun kann der Geist darüber kommen und die Arbeit gliedern." *(341, 59)* Die Arbeit war in der Vergangenheit Tribut, heute ist sie zur Ware geworden, in der Zukunft wird sie Opfer sein. *(93a, 231)*

Arbeit und Einkommen trennen: (>Einkommen, >Arbeitsteilung, >Reinkarnation) Mein Geld gibt mir die Macht, des Anderen Arbeit zu benutzen. Erst „wenn jemand nicht mehr für seine Arbeit entlohnt wird, verliert das Geld als Machtmittel für die Arbeit seinen Wert.“ Niemand kann dann mehr durch das Geld in die Arbeit gezwungen werden. *(186, 45f)* Wir können uns einbilden, dass wir die Arbeit bezahlen, aber „man verdient nicht durch Arbeit, auch wenn man noch so viel arbeitet“. *(189, 38)* Der Kloakenräumer kann nichts anfangen mit der Definition, jeder habe den Anspruch auf das, was er selber produziert. Die Bewertung seiner Arbeit geht aus ganz anderen Faktoren hervor. *(341, 20)* „Worauf es also ankommt, das ist, dass für die Mitmenschen arbeiten und ein gewisses Einkommen erzielen zwei voneinander ganz getrennte Dinge seien.“ *(34, 213)* „Im Grunde genommen ist jeder Lohnempfänger im gewöhnlichen Sinn heute noch ein Selbstversorger. Er ist derjenige, der so viel hingibt, als er erwerben will, der gar nicht kann so viel an den sozialen Organismus hingeben, als er hinzugeben in der Lage ist, weil er nur so viel hingeben will, als er erwerben will. .. Eine der ersten, wichtigsten volkswirtschaftlichen Fragen ist also: Wie stellen wir diejenigen, die heute noch bloss Erwerbende sind, so in den volkswirtschaftlichen Prozess hinein, dass sie aus der sozialen Notwendigkeit heraus Arbeitende sind? Wenn wir das nicht tun, bekommen wir niemals wahre Preise heraus, sondern falsche Preise.“ *(340, 48)*

Arbeit, geistige und körperliche: Kopfarbeit und

Handarbeit sind zwei Pole, zwischen denen es einen langsamen Übergang gibt. Sie sollten ineinander arbeiten, und jeder sollte seinen Teil Handarbeit verrichten. *(192, 140)* Der Unternehmer ist geistiger Arbeiter. Werte entstehen durch das Zusammenwirken von körperlicher; positiver, aufbauender und geistiger; negativer, organisierender, also körperliche Arbeit abbauender Arbeit. *(340, 192f)* Für den rein materiellen Fortgang des volkswirtschaftlichen Prozesses sind die freien Geistesarbeiter der Vergangenheit gegenüber nur Konsumenten. „Höchste Leistungen sind ein Ende, die unbedeutendste Arbeit ist immer ein Anfang." *(172, 77)*

Arbeit, nötige und unnötige: (>Karzinom) „Denken Sie sich einmal, wir wären so ein Einheitswesen, das überall durcheinandergeht, wo überall Unnützes fabriziert wird, das alles schnell wieder ablaufen muss: Es würde gar nicht genügend sein, was der Mensch heute an Abflussorganen hätte für unnütze Dinge." Der gegliederte soziale Organismus wird „auch ökonomisch sein. Dann wird die menschliche Arbeit an ihrem richtigen Platze überall stehen, und vor allen Dingen, es wird nicht unnütze Arbeit verrichtet werden. Was folgt daraus? Die Menschen werden Zeit haben. Und dann .. ist die Grundlage erst gegeben für solche freie Betätigungen, wie es die Kunst und ähnliche Dinge sind. Dazu gehört Zeit." *(337b, 100)* „Was über 3 bis 4 Stunden hinaus handgearbeitet wird, das bewirken nicht die in der Menschheitsentwickelung liegenden Notwendigkeiten, das bewirken die Faulenzer und Rentengenießer." *(192, 140f)*

Arbeit im Rechtsleben: (>Rechtsstaat, >Unternehmer und Arbeiter) Arbeit gehört nicht in die Wirtschaft. Wirtschaft macht alles zur Ware. *(23, 54)* Arbeit nach Zeit und Art hat eine Angelegenheit des demokratischen, rechtlichen Staatslebens zu sein. *(23, 20)* Man wird dafür entlohnt, dass man als Mensch an einer bestimmten Stelle steht. Wo der Mensch gebraucht wird, bekommt er, wie er ein Gehalt bekommt, auch eine Wohnung. Das unterliegt der Organisation des Geisteslebens. *(337a, 226)* Bevor der Arbeiter überhaupt die Fabrik betritt, muss schon auf demokratischer Grundlage aus dem Staate heraus, mit seiner Stimme über seine Arbeit entschieden worden sein. *(330, 68)* Dadurch kann er erst im Wirtschaftsleben als freier Vertragschliessender denen gegenüberstehen, mit denen er gemeinsam produzieren muss. Wenn richtige Preise da sind, sieht jeder an dem Preis, wie viel er notwendig hat zu arbeiten. Er wird auf Gegenseitigkeit unterhandeln können mit den anderen Menschen. *(337b, 215)* Eine Arbeitspflicht, ein bürokratischer Arbeitszwang ist nicht nötig, wenn man restlos das Prinzip durchführt, dass jeder Leistung auch eine entsprechende Gegenleistung gegenüberstehen muss. „Natürlich ist ja jeder aus den sozialen Verhältnissen heraus gezwungen zu arbeiten, und man hat nur die Wahl, entweder zu verhungern oder zu arbeiten." *(337a, 78)*

Arbeit als Ware: (>Proletarier, >Kapitalismus, >Ware) „Im Altertum gab es Sklaven .. Der Kapitalismus ist die Macht geworden, die noch einem Rest des Menschenwesens den Charakter der Ware aufdrückt: der Arbeitskraft." Es liegt im Wirtschaftsleben selbst, dass alles ihm

Eingegliederte zur Ware werden muss. *(23, 53)* Durch die Macht des Kapitals wird Arbeitskraft im Wirtschaftsprozess „so billig wie möglich bezahlt." *(331, 61)* Der Hinweis von Marx auf das den Menschen Abnutzende der Arbeit, wodurch Arbeitskraft zur Ware würde, hat keine volkswirtschaftliche Berechtigung. *(340, 31)*

Arbeitsteilung: (>Motivierung) In der Arbeitsteilung kann man nur für andere, für die unbestimmte Sozietät, arbeiten und andere für sich arbeiten lassen. Nicht durch seine Arbeit, sondern nur durch seine Stellung im sozialen Organismus kann der Einzelne eine bestimmte Leistung erzeugen. Das Erzeugte kann nicht sein Eigentum sein. *(23, 134)* Weil Arbeitsteilung eine Verbilligung der Produkte bedeutet, schädige ich, wenn ich in ihr für mich selber arbeite, mit den anderen mich selbst. *(341, 44)* Land- und Forstwirtschaft sind als Selbstversorger ein Gegenpol zur Arbeitsteilung. *(340, 101)* Die Menschen sind durch die Arbeitsteilung getrennt worden. Die Einheit kommt gerade dadurch zustande, dass jeder das Seinige tut. Eine neue Motivierung ist nötig. Erst die Kräfte aus den drei Gliedern werden die Menschen wieder zusammenschliessen. *(24, 263)*

Assoziation: (>Wirtschaftliche Urzelle) Die Nationalwirtschaften haben sich ad absurdum geführt. Die Kriegsursachen kamen aus dem „Sprengen der nationalen Grenzen durch die Weltwirtschaft." *(336, 424f)* „Diejenige Art des Zusammenarbeitens innerhalb der Weltwirtschaft, die aus dieser heraus selbst folgt, nicht aus den alten Institutionen, das ist das assoziative Prinzip im Wirtschaftsleben.“ *(336, 425f)* An die Stelle eines Organisierens der Wirtschaft von aussen soll der freie Verkehr der wirtschaftlichen Assoziationen treten, die „von selber aus einer organischen Verbindung der Konsumenten mit den Produzenten“, besonders zwischen Landwirtschaft und Industrie, entstehen, „wobei natürlich der Produzent in der Regel die Initiative ergreifen muss.“ *(337b, 151)* „Keiner wird sich mit einem anderen assoziieren, wenn der andere nichts mitbringt, was ihn tüchtig macht im Wirtschaftsleben.“ *(200, 95)* Aus dem Zusammenleben mit denen, mit denen er wirtschaftlich assoziiert ist, entsteht das Erleben einer in Gemeinschaft betriebenen Sache und das sachliche Interesse an der Hervorbringung von Produkten und Leistungen. Das kann das Profit-Interesse am Kapital ablösen. *(23, 97f)* - Der Umfang der Assoziationen wird sich von selbst regeln. Die Tendenz des Konsums, die Genossenschaft möglichst gross und unübersichtlich zu machen und die Tendenz der Produktion, klein und damit kostspielig zu bleiben, werden sich ausgleichen. *(23, 16)*

Assoziation, Arbeitsweise: (>Soziales Urteil, >Preis) Der Einzelne wird „genau so viel Einfluss auf die allgemeine Wirtschaft haben, als seiner Leistung entspricht.“ *(23, 19)* „Es ist doch etwas ganz anderes, wenn man sich die verschiedenen Urteile anhört und jeder seine Forderungen geltend macht, als wenn man einfach auf demokratische Art abstimmt. Dies würde ja nichts anderes bewirken, als dass sich gewisse Wirtschaftszweige zusammenschliessen und die anderen majorisieren.“ *(331, 279)* Die Menschen haben wirklich in Bildern den volkswirtschaftlichen Prozess Stück für Stück vor sich. Sie müssen dann „nach dem Barometer der Preisstände jeweils das herausfinden, was im übrigen volkswirtschaftlichen Leben zu tun ist.“ *(340, 110)* Wenn die Arbeit den Charakter eines Rechts hat, wird sie für einen bestimmten Wirtschaftszweig zu einer Bedingung, ähnlich wie ein Rohstoff. Es kann sein, dass er sich deshalb nicht rentiert. *(328, 69)* „Assoziationen werden fortwährend zu arbeiten haben, damit erstens tatsächlich nicht unnötige Arbeit geleistet wird, .. und damit zweitens tatsächlich jeder an denjenigen Platz hingestellt wird, an dem er am besten arbeiten kann, aber im Interesse der Gesamtheit.“ *(337b, 171)* Der Preis hängt von der Menge der Arbeiter ab, die auf einem bestimmten Felde arbeiten. Wird der Preis irgendeiner Ware zu billig, muss man für dieses Gut weniger Arbeiter einstellen, das heisst, „die Arbeiter nach einer anderen Beschäftigung ableiten.“ Wenn der Preis steigt, müssen mehr Menschen diesen Artikel bearbeiten. *(340, 79)* Auch „die Verantwortung für Kreditgewährung und Kreditentgegennahme wird den Assoziationen zufallen.“ *(24, 260)* Die Menschen werden „durch den ganzen volkswirtschaftlichen Prozess hindurch die Möglichkeit haben, eine zu starke Kapitalbildung aufzuhalten, eine zu schwache Kapitalbildung anzufachen. .. So etwas durch den Staat ordnen zu wollen, das würde die schlimmste Tyrannei bedeuten“, In den freien Assoziationen hat jeder den Einblick – „er sitzt ja in der Assoziation, oder sein Vertreter sitzt darin.“ *(340, 79f)*

Aufbau – Abbau: (>Geistesleben und Wirtschaftsleben) „Man will immer aufbauen, aufbauen, aufbauen. Aber in der Welt ist nicht nur Evolution oder Aufbau, es ist auch Involution oder Abbau vorhanden.“ *(186, 208)* „Der Mensch verdankt gerade diesen abbauenden Kräften sehr viel.“ An den Zerfall der Materie im Nerven-Sinnes-System ist die Ausbildung des geistigen Lebens im Menschen gebunden. *(83, 284)*

Ausbeutung: (>Leistung und Gegenleistung) „Niemand wird dadurch bedrückt und ausgebeutet, dass ich diesen oder jenen Rock trage, sondern allein dadurch, dass ich den Arbeiter, der für mich den Rock anfertigt, zu wenig entlohne. .. Ob ich arm bin oder reich: ich beute aus, wenn ich Dinge erwerbe, die nicht genügend bezahlt werden.“ *(34, 205f)*

Banken: (>Assoziation, Arbeitsweise, >Geld) Der Bankier wurde gegen Ende des 19. Jahrhunderts von der Herrschaft des abstrakten Kapitals abgelöst. *(191, 175)* Banken sind aber Wirtschaftszweige. *(24, 436)* Es muss wieder im Konkreten gewirtschaftet werden. Der Bankier soll weniger den Charakter des Leihers, als vielmehr den des in der Sache stehenden Kaufmanns haben. Die Bankverwalter müssen ein assoziatives Verhältnis haben zu denen, die durch ihre Ideen neuen Unternehmen helfen können. *(24, 460f)* Eine Staatsbank würde unmöglich sein. Die Geld-Verjüngung würde vom Staat auf die Wirtschaft übergehen durch „ein Bankinstitut zwischen denjenigen, die Schenkungsgelder bekommen haben, und denjenigen, die durch Arbeit, namentlich Bodenarbeit wiederum neue Waren in ihrem Anfang schaffen." *(341, 81)*

Betriebe, Unternehmen: (>Unternehmer und Arbeiter, >Vertrauen und delegieren, >Eigentum, >Gewinn) Betriebe die man braucht und die nicht zerstörend wirken, sollen weitergeführt werden. Wer für sein Geld sorgen will, muss Zukunft versprechende Unternehmungen finanziell unterstützen. *(Molt, 254f)* Prinzipiell gilt: In zu kleinen Betrieben werden die Arbeitenden verhungern, bei zu grossen Betrieben verhungern die Käufer. In Betrieben mit einer entsprechenden Grösse wird der geistig tätige Mensch zum Heil der mit ihm körperlich Arbeitenden wirken können. *(331, 85)* Die Betriebsleitung würde den Unternehmer und ebenso Personen aus dem Kreis der Angestellten, der geistigen Arbeiter und der physischen Arbeiter umfassen. „Leute, die nur Drohnen sind, wird es nicht mehr geben können." *(Molt, 236)*

Bewusstsein; Wachen, Träumen, Schlafen: (>Denken, >Freiheit) Das moderne, selbstbewusste Denken wurde nicht durch blühende Lebensprozesse gross, sondern dadurch, dass Todesprozesse in Technik, Industrie und Finanzwesen in das Leben hineingestellt wurden. *(185, 67f)* Heute ist es die Aufgabe der zivilisierten Menschheit, vieles von dem, was der Mensch früher instinktmäßig gefühlt und beurteilt hat, ins volle Licht des Bewusstseins zu heben. *(186, 159)* Ein bewusstes Sichhineinstellen der Menschen in den Gesellschaftsorganismus ist aber nur möglich, wenn das Leben von drei Seiten her orientiert ist. *(189, 146)* Das Geistesleben ist ein soziales Wachen, das Rechtsleben ein soziales Träumen, das Wirtschaftsleben ist ein soziales Schlafleben. *(202, 39)*

Blut und Geist: (>Gruppenurteil, >Christentum) In der Zukunft wird nur das gelten, was nicht durch die Blutsbande, sondern „in freier Entschliessung der Seele selbst das Regelnde der sozialen Ordnung bilden kann." *(186, 123)*

Boden: (>Eigentum) Der Boden macht den inneren Wert eines volkswirtschaftlichen Gebietes aus. Vergleichbar damit sind die fertiggestellten Produktionsmittel. *(331, 63)* Diejenigen, die den Grund und Boden bearbeiten, ernähren alle anderen mit. *(340, 166)* Privatbesitz an Grund und Boden bedeutet, dass der Besitzer andere Menschen, die zu ihrem Lebensunterhalt von ihm zur Arbeit auf diesem Grundstück angestellt werden, oder darauf wohnen müssen, in Abhängigkeit von sich bringt. *(23, 72)* „Grund und Boden kann nicht produziert werden, er ist also von Anfang an keine Ware." Seine Verteilung „im Hinblick auf die Bearbeitung durch die Menschen ist eine demokratische Angelegenheit des politischen Staates", und der Übergang vom einem zum anderen ist „eine Angelegenheit des geistigen Gliedes des sozialen Organismus." *(337a, 208)* Bei einer Bevölkerung von fünfunddreissig Millionen muss man jedem einzelnen Menschen so viel zuschreiben von der Bodenfläche, auf ein Durchschnittsmass der Fruchtbarkeit und Bearbeitbarkeit berechnet, als die gesamte die Produktion möglich machende Bodenfläche durch fünfunddreissig Millionen dividiert, bedeutet. Das führt erst mögliche Preise herbei. *(340, 208)* Die Besteuerung von Boden ist keine Lösung: „Der Staat bleibt ja doch, auch wenn er in seinen Säckel einsteckt, was er den Bodenspekulanten abnimmt, und es ihnen oder anderen Leuten vielleicht wieder zufliessen lässt auf Wegen, die immerhin möglich sind." *(337a, 207)*

Brüderlichkeit: (>Altruismus, >Vertrauen, >Osten) Brüderliches Leben heisst, ein gewisses Verhältnis herzustellen, aus dem, was wir besitzen und brauchen, zu dem, was der andere besitzt und braucht. *(193, 53)* „Und auf dem Boden des Wirtschaftslebens muss jene wahre Brüderlichkeit herrschen, die nur in Genossenschaften, sei es in Konsumentenschaften oder in Produzentenschaften, erblühen kann." *(333, 29f)* Das Wirtschaftsleben erscheint äusserlich als das niedrigste Glied. Aber wir entwickeln dadurch unbewusst „die geistige Seite des Wirtschaftslebens." „Dieses Zusammengehörigkeitsgefühl in Brüderlichkeit mit den anderen Menschen" *(193, 38)* „Nur wenn in unserer Seele lebendig und praktisch die Idee der wiederholten Erdenleben wirkt, dann wird die Idee der Brüderlichkeit für das, was die Menschen in ihrer Leiblichkeit füreinander sind, die richtige Form gewinnen können." *(174a, 183)* Das Christentum hat die Aufgabe, den Impuls zur Brüderlichkeit der ganzen Menschheit zu bringen. *(103, 185f)*

Christentum: (>Brüderlichkeit, >Freiheit, >Individualität, >Liebe, >Wahrheit) Mit der Blutsverwandtschaftsliebe hing das alte Hellsehen zusammen. „Das verstandesmäßige Überlegen hängt mit der Grundlage des Christentums zusammen." *(97, 172f)* Freiheit ist noch ein Ideal. „Im Christus-Prinzip liegt die Überwindung des Gesetzes." *(103, 80)* Des Christus „Mission besteht darin, dem Menschen die volle Kraft des Ich, die innere Selbständigkeit in die Seele zu bringen. .. Durch die Liebe, die als eine freie Gabe gegeben wird, soll Mensch mit Mensch zusammengeführt werden." *(103, 89)* Christentum bedeutet einen selbst erworbenen Idealismus. *(193, 62)* Der Christus-Impuls bedeutet im Sozialen, Verständnis für die Meinungen anderer zu haben, auch wenn man sie für Irrtümer hält. *(189, 46)* „Das Christentum hat noch nirgends auf der Erde gesiegt. Es haben lediglich die westlichen Völker gewisse alleräusserste Äusserlichkeiten von dem Christentum aufgenommen und den Christus-Namen okkupiert." *(158, 198)*

Demokratie: (>Rechtsstaat) Weil sich der Arbeiter als würdiges Glied innerhalb des Kreises seiner Mitmenschen fühlen wollte, kam die moderne Forderung nach Demokratie. *(332a, 92f)* Und weil man heute den Menschen für ein soziales Wesen halten will, hat man das Ideal, jeder solle über alles Entscheidungen treffen. *(186, 100)* Aber hinter der Forderung nach Demokratisierung lauert weiterhin der alte Kapitalismus. *(331, 54f)* Die Demokratie bildet die spanische Wand, hinter welcher die Finanzleute ihre Ausbeutungsmethode verbergen, „und in ihr finden sie das beste Verteidigungsmittel gegen die etwaige Empörung des Volkes." *(177, 247)* „Denn jene Demokratie, die alles nivelliert, die gar nicht mehr die Dinge bewerten kann, die wird die Dinge nur zerstören, und jener Sozialismus, der glaubt, alles bezahlen zu können, wird ebenfalls das Leben zerstören." *(330, 316f)* Wenn ernstlich die Demokratie durchgeführt werden soll, ist das einzig Gesunde, das Geistesleben auf der einen Seite und den Wirtschaftskreislauf auf der anderen Seite auf freien Boden zu stellen. *(337a, 131)* Ein Parlament kann es nur im eigentlichen Staat geben. Im freien Geistesleben kann es nur die einzelne Individualität geben und auf wirtschaftlichem Gebiet Assoziationen. *(341, 87)* Der Demokratie sind „so klar als nur möglich" ihre Grenzen gezogen dadurch, dass auf ihrem Boden nur dasjenige beschlossen werden kann, „was man einfach dadurch beurteilen kann, dass man ein mündig gewordener Mensch ist." Ausschliessen von ihr muss man also, was an individuellen Fähigkeiten hängt und auch an Sachkenntnis und Fachtüchtigkeit. *(332a, 85f)*

Denken und Handeln: Gedanken sind objektive Mächte. „Für die Zukunft ist viel wichtiger das, was die Menschen denken, als das, was sie tun, denn Gedanken werden im Laufe der Zeiten Taten. Wir leben heute von den Gedanken vergangener Zeiten." *(173b, 125)*

Denken, reines: (>Moralische Intuition, >Geisteswissenschaft) „Über diesen zwei Elementen – der Erfassung des Toten durch den Verstand und der Erfassung des Lebendigen, des Werdenden durch den Willen – steht im Menschen etwas, was nur er, kein anderes irdisches Wesen, von der Geburt bis zum Tode in sich trägt: das ist das reine Denken, dasjenige Denken, das sich nicht auf die äussere Natur bezieht, sondern das sich nur auf dasjenige Übersinnliche bezieht, was im Menschen selber ist, was den Menschen zum autonomen Wesen macht. ..Will man daher von der menschlichen Freiheit reden, so muss man auf dieses Autonome im Menschen sehen, auf das reine sinnlichkeitsfreie Denken, in dem immer auch der Wille lebt.“ (293, 48f) „Das reine Denken ist selbst schon eine übersinnliche Betätigung.“ *(13, 144)*

Denken, Tod, Freiheit: (>Naturwissenschaft) Das Denken hängt zusammen mit den Abbauprozessen in Knochen und Nervensystem. „Der Tod ist ein dauernder Prozess. Und diesem Tode verdanken wir das Denken.“ *(344, 261)* Der reinste Geist, der Intellekt, ist selber ohne geistigen Inhalt. Er sucht zu seinem Inhalt die äussere Natur und er hält sich an ihr. *(211, 200)* Das blosse intellektuelle Leben ist nur ein Zwischenzustand, der überhaupt für die Natur und das, was der Mensch hervorbringt, keine Bedeutung hat, sondern nur für den Menschen selbst. „Die Menschen haben den Intellekt ausgebildet, damit sie frei werden können.“ *(200, 93)*

Denkverbote: „Wenn man das Jahr 2000 geschrieben haben wird, da wird nicht ein direktes, aber eine Art von Verbot für alles Denken von Amerika ausgehen, ein Gesetz, welches den Zweck haben wird, alles individuelle Denken zu unterdrücken. Auf der einen Seite ist ein Anfang dazu gegeben in dem, was heute die rein materialistische Medizin macht, wo ja auch nicht mehr die Seele wirken darf, wo nur auf Grundlage des äusseren Experiments der Mensch wie eine Maschine behandelt wird.“ *(167, 98f)*

Dreigliederung: (>Einheitsstaat, >Geistesleben, >Rechtsleben, >Wirtschaft, >Sozialer Organismus) In der Dreiheit der Ideen Freiheit, Gleichheit, Brüderlichkeit lebte der Drang nach der Dreigliederung, aber der Glaube an den Einheitsstaat war nicht überwunden. Erst durch bewusstes soziales Wollen kann aus dem Widerspruch eine höhere Einheit werden. *(23, 88f)* Die Dreigliederung will nicht fertige Ideen über soziale Institutionen bringen, sondern zeigen, wie die Menschen selber in gewisse gegenseitige Verhältnisse kommen, damit sie sich nach ihren jeweiligen Fähigkeiten und Bedürfnissen die Zustände schaffen, in denen sich in der Zukunft leben lässt. *(336, 415)* Man muss sich dafür auf die Mehrheit der produktiv Tätigen stützen können. *(331, 75)* Die Dreigliederung würde eine Auslese der Tüchtigen bringen. *(338, 23)* Sie ist, wie der Pythagoräische Lehrsatz, in allen Einzelheiten anwendbar. *(334, 170)* Sie ist die wichtigste öffentliche Aufgabe der gegenwärtigen und der nächst zukünftigen Menschheit. *(191, 172)* Was mit der Dreigliederung gebracht wird, ist „heute das Christentum“. *(193, 100)* Wirtschaft, Recht und geistiges Leben müssen jedes ihren eigenen Gesetzgebungs- und Verwaltungskörper haben; sie müssen souverän sein wie nebeneinanderstehende Staatsgebilde und als solche miteinander verkehren. „Das erste System, das Wirtschaftssystem, hat es zu tun mit all dem, was da sein muss, damit der Mensch sein materielles Verhältnis zur Aussenwelt regeln kann. Das zweite System hat es zu tun mit dem, was da sein muss im sozialen Organismus wegen des Verhältnisses von Mensch zu Mensch. Das dritte System hat zu tun mit all dem, was hervorspriessen muss und eingegliedert werden muss in den sozialen Organismus aus der einzelnen menschlichen Individualität heraus." *(23, 63)* Im Wirtschaftsleben muss Brüderlichkeit aus den Assoziationen heraus entstehen. Im öffentlichen Recht hat man die Idee der Gleichheit zu erstreben. Im geistigen Gebiet hat man es mit dem Impuls der Freiheit zu tun. *(23, 89)* Die Frage der Dreigliederung ist eine ganz andere für den Osten, für Russland, Asien; eine ganz andere für Mitteleuropa, und eine ganz andere für den Westen, für England und Amerika. Amerika, Europa, Asien haben jedes ein Drittel von dem, was anzustreben notwendig ist für einen wirklichen Neuaufbau unserer Kultur. *(191, 77)* „Ich weiß, dass im russischen Volk gerade die Elemente drinnenliegen, um zuallererst, wenn man sie in der richtigen Weise mitteilt, die Idee von der Dreigliederung zu fassen." *(332a, 69)*

Dreigliederung und Ausland: (>Zölle) Innere Dreigliederung macht auch die internationalen Beziehungen dreigliedrig. Jedes der drei Gebiete wird sein selbständiges Verhältnis zu den entsprechenden Gebieten der andern sozialen Organismen haben. *(23, 141)* Die Dreigliederung „ist die Grundlage für eine wirkliche Sozialisierung auch des internationalen Lebens... Es schadet nämlich gar nichts, wenn der eine soziale Organismus sich dreigliedert und die anderen noch nicht wollen." Dann können „diejenigen die Segnungen des dreigeteilten Organismus geniessen, die ihn eingeführt haben. Nach aussen, wenn es sie hindern sollte, können sie ja als Einheit auftreten." *(331, 73)* Die sich in den Völkern auslebenden geistigen Kulturinteressen müssen sich unabhängig von den Wirtschaftsverhältnissen verwalten und aus diesen Verwaltungen heraus internationale Beziehungen bilden. „Gebiete, in denen gemeinsames Geistesleben herrscht“ werden sich „Grenzen geben, die relativ unabhängig sein von den Gebietsgrenzen, die aus den Voraussetzungen des Wirtschaftslebens entstehen.“ Trotzdem kann das Geistesleben aus dem Wirtschaftsleben seinen Unterhalt beziehen dadurch, dass es diesem als eine Wirtschaftskorporation gegenübersteht, die dann mit den Wirtschaftsverwaltungen ihres Gebietes Beziehungen eingeht. *(24, 24f)* Für die Wirtschaft wird massgebend sein, dass durch den Verkehr mit dem Ausland nicht Produkte hergestellt oder eingeführt werden, deren Herstellungskosten oder Kaufpreis die Lebenshaltung der arbeitenden Bevölkerung des Inlandes beeinträchtigen. *(24, 27f)* Konflikte werden nicht so leicht entstehen, weil die Tatsachen des einen Gliedes die Tatsachen des anderen Gliedes korrigieren. *(189, 132)* „Wenn die Dreiteilung durchgeführt ist, kommen dadurch die anderen Staaten in ein solches Verhältnis, dass sie sich selbst schädigen, wenn sie einen solchen Staat angreifen.“ *(Molt, 224)*

Dreigliederung und Mensch: (>Sozialer Organismus – Mensch, >Menschheit) Der Mensch ist zugleich ein irdisches und ein überirdisches Wesen. Der Staat spiegelt das irdische Leben, Geistesleben und Wirtschaftsleben sind Spiegelungen des überirdischen Lebens. *(193, 54)* Menschen sollen nicht in Stände gegliedert werden, wie im platonischen Staat, sondern was vom Menschen abgesondert ist, die Einrichtungen sollen in drei Glieder zerfallen. Die wirken dann wieder zusammen durch den lebendigen Menschen, der in allen drei Gebieten drinsteht. *(332a, 98)* Im Leben verhält sich der Mensch so, wie er sich aus einem gewissen Arbeitskreis heraus verhalten muss. *(330, 196)* Jeder Mensch hat seine unmittelbaren geistigen Interessen und ist darüber mit dem Geistesleben verbunden. Dieselben Menschen, die ihre Kraft aus diesem Geistesleben ziehen, stehen im Rechts- oder Staatsleben und bestimmen aus dem aufgenommenen Geiste heraus demokratisch diese Rechtsordnung. Und die Art und Weise, wie jeder wirtschaftet, ist durchdrungen von dem, was er im Geistesleben ausbildet und was er als Rechtsordnung regelt im Wirtschaftsleben. *(332a, 159)* - Man nimmt die Dreigliederung nicht einfach genug. Man denke an eine ländliche Familiengemeinschaft: Die ganze Familie braucht Milch zum Leben, aber es ist doch nicht notwendig, dass die ganze Familie Milch produziert. Wenn die drei Kühe Milch produzieren, wird die ganze Familie Milch haben. So wird dann in allen drei Gebieten des sozialen Organismus Gerechtigkeit walten, wenn auf dem Boden des emanzipierten Staates die Gerechtigkeit produziert wird. *(330, 42)*

Dreigliederungsbewegung: „Es gibt weite Gegenden, wo selbst ein grosser Teil der Spiesser an die Notwendigkeit der Revolution glaubt." Aber so etwas wie „Die Kernpunkte der sozialen Frage" finden sie zu kompliziert. *(296, 52)* Dreigliederung ist schon da, aber als Forderung. *(338, 75)* Dem, was da ist, soll eben die richtige Gestaltung gegeben werden. Jeder kann sich im Sinne der Dreigliederung fortwährend betätigen, wenn er nicht gerade im Gefängnis ist. Erkennt man z. B. dasjenige, was staatlicher Schutz der Medizin ist, als eine Absurdität an, dann trete man auch dafür ein! *(336, 474)* Die Dreigliederungsbewegung muss sich auf anthroposophischen Boden stellen, nicht auf den Boden aller möglichen Kompromisse. *(257, 67)*

Egoismus: (>Altruismus, >Geistesleben befreien) „Wir sind jetzt auf dem Höhepunkt des Egoismus. Der Verstand ist das Egoistischste. Die Menschen mussten zum Ich, zum Egoismus zersplittert werden. Wir müssen also durch den Verstand emporsteigen zur Spiritualität. .. Das Geheimnis des Geheimnisses ist, dass der Mensch sein Ego geheimzuhalten versteht, dass er nicht sein Ego, sondern seine Taten als das Massgebende betrachtet. Sein Tun und die Überwindung des Ego durch die Tat, das ist das eigentliche Geheimnis." *(93, 125)* Der Dualismus von Egoismus und Altruismus muss aufgelöst werden. Die vermeintliche „Selbstlosigkeit" führt dazu, sich mit einem Wirbel von Illusionen zu umgeben. Der Mensch kann nicht selbstlos werden. „Erweitert euer Selbst nur erst zum Welt-Selbst, und dann handelt immerzu egoistisch." *(30, 431)* Vieles in der Gemeinschaft ist durchaus auf den Egoismus gebaut; künstlerisches Schaffen, Mutterliebe. Der Egoismus selber erfordert das Zusammenleben und das Zusammenwirken mit den anderen Menschen. *(332a, 187)* Die Demokratie versucht mit ihm fertig zu werden dadurch, dass jeder seinen Einfluss hat darauf, das Recht festzustellen und auch seine Arbeit festzustellen. *(340, 43)* „Der Egoismus liegt dem

Bedarf, der Konsumtion zugrunde.“ Man wird „nicht für das Wirtschaftsleben die Frage aufwerfen: Wie ist der Egoismus zu überwinden? - sondern: Wie ist es dem Altruismus möglich, den berechtigten Egoismus zu befriedigen?“ *(332a, 191)*

Eigentum im Fluss: (>Boden, >Erben, >Kapital, Überleitung) Der römische Eigentumsbegriff hat die Wirtschaft gestaltet. *(341, 9)* Eigentum ist der Ausdruck für die Berechtigung, dass man irgend etwas als Persönlichkeit allein besitzt und bearbeiten darf. *(328, 116)* „Die Freiheit des einzelnen Menschen in leiblicher, seelischer und geistiger Beziehung .. ist nicht zu erreichen, wenn alle Menschen Proletarier werden; aber sie ist für jeden Menschen zu erreichen, wenn alle eine Grundlage des Besitzes haben.“ *(186, 259)* „Volkswirtschaftlich hat der Eigentumsbegriff überhaupt keinen Sinn.“ Er bedeutet lediglich ein „Verfügungsrecht über Sachen, über Boden, über Produktionsmittel.“ *(330, 69)* Damit das Eigentum auch dem Interesse der Gesamtheit dient, wird es „nicht zurückgeführt zu einer überwundenen Form, wie sie das Gemeineigentum darstellen würde“. Dieses unterbindet die Lebensmöglichkeit des sozialen Organismus. „Statt dem Gemeineigentum der Produktionsmittel wird im sozialen Organismus ein Kreislauf dieser Mittel eintreten“, der sie immer von neuem zu den individuell Fähigen bringt. Es wird wie ein zeitweiliger Privatbesitz sein. *(23, 124f)* Der Staat sorgt für die rechtzeitige Überleitung des Eigentums. Er wacht darüber, dass Eigentumsrecht nicht im Laufe der Zeit Eigentumsunrecht wird. Mit der Entstehung und Verwaltung privaten Eigentums hat er nichts zu tun. *(23, 112)* Wenn einer in einen Betrieb eintritt, wird ihm ein Teil des Eigentums zugeschrieben, gleichgültig, ob er Arbeiter oder Unternehmer ist. Wenn einer den Betrieb verlässt, verliert er sein Eigentumsrecht. Dieses haftet an der Stelle. Beim Verkauf einer Fabrik müssten alle übereinstimmen. Der Unternehmer kann nicht den Betrieb verkaufen. *(Molt, 235)* Beim geistigen Eigentum sind die Menschen wenigstens darauf gekommen, dass es sich nicht endlos forterbt; „dreissig Jahre nach dem Tode gehört das geistige Eigentum der gesamten Menschheit. .. Es gibt keine andere Rechtfertigung dafür, dass man geistiges Eigentum zu verwalten hat, als dass man, weil man es hervorbringen kann, auch die besseren Fähigkeiten hat." *(330, 97f)*

Einheitsstaat abbauen: (>Politik, >Macht, >Demokratie, >Rechtsstaat) Das Leben widerstrebt der Logik. Menschliche Freiheit und soziale Gleichheit stehen in vollständigem Widerspruch zueinander. Ebenso die Brüderlichkeit mit der Gleichheit vor dem Gesetz. Der Einheitsstaat hat diese Widersprüche in sich, und der Mensch wird dadurch geistig beengt und wirtschaftlich bevormundet und an der Entfaltung seiner Interessen behindert. *(23, 88)* Im Einheitsstaat wird eine wirtschaftliche Gruppe ihre Interessen zum Gesetz, zum öffentlichen Recht machen können. „Nirgends ist man dann in der Lage, dasjenige herzustellen, was wirtschaftlich notwendig ist, weil staatliche Regelungen dagegen stehen." *(337b, 228)* Wenn der Staat selbst wirtschaftet, „verliert er die Fähigkeit, das Rechtsleben der Menschen zu regeln." *(23, 68)* „Wo nimmt der Staat das Geld her? Doch nur aus den Taschen der einzelnen Menschen! .. Gesetze werden unter Umständen nur der Umweg, das schon zerfallende Kapital wiederum auf die Beine zu bringen." *(331, 186)* Wenn der geistig Produzierende den Weisungen eines Staates zu gehorchen hat, oder auch wenn er Sklave ist dieses oder jenes Kapitalisten, dieser oder jener Clique, macht er es oft unbemerkt und glaubt, er folge nur seinem Genius. *(336, 212f)* Dann wird das Geistesleben unpraktisch und es gibt einen Parasitismus des Geisteslebens, eine Zusammenhangslosigkeit der menschlichen Produktion mit dem Leben. *(192, 10)* „Heute kann nicht die Frage sein: Was sollen die Staaten tun?, sondern: Was sollen die Staaten unterlassen?" *(192, 26)* „Nach links und nach rechts muss die Regierung eine Liquidierungsregierung sein, die nach der einen Seite hin das Geistesleben in seine eigene Verwaltung überführt und nach der anderen Seite hin das Wirtschaftsleben in seine eigene Verwaltung überführt." Sie muss höchstens so etwas zurückbehalten „wie ein Polizeiministerium, ein Ministerium des Inneren, und ein Justizministerium, das die Rechtsverhältnisse durch die entsprechende demokratische Vertretung herbeiführen wird." *(331, 64)* Dem freien Geistesleben müsste ein Boden geschaffen werden. An das autonome Wirtschaftsleben müsste alles abgegeben werden, was zum Beispiel Verkehr und Handel ist, auch das Arbeitsministerium. *(337a, 23)* Rechte dürfen in der Zukunft nicht mehr gekauft werden; sie müssen vom Staate verwaltet werden, so dass jeder Mensch in der gleichen Weise teilhat an der Verwaltung. *(330, 69)*

Einkommen: (>Arbeit und Einkommen, >Leistung und Gegenleistung) Die Lebenshaltung des Einzelnen hängt von zweierlei ab: Von den Rechtseinrichtungen und von der wirtschaftlichen Organisation; den Assoziationen. *(23, 73)* Entschädigt werden kann nicht die Arbeit, nur „die Position, der Ort“, wo einer steht. *(186, 165)* Es gilt: „Wer dies oder jenes arbeitet, der muss für sein Arbeitsprodukt dies oder jenes bekommen.“ *(337b, 171)* Die Bewertungen der Leistungen unterscheiden sich nicht allzu sehr, weil alles durch den Konsum, durch das, was ich brauche, um mich als Mensch zu erhalten, bewertet ist. *(340, 210)* Wenn einer scheinbar mehr Einkommen haben wird als ein anderer, so wird dies nur deshalb sein, weil das „Mehr“ wegen seiner individuellen Fähigkeiten der Allgemeinheit zugute kommt. *(23, 126)* In Wirklichkeit verdient niemand in einem sozialen Organismus mehr als das Existenzminimum (Grundrente geteilt durch Einwohnerzahl). Alles übrige ist durch Koalitionen usw. bewirkt. *(189, 38)* Die Hervorbringer geistiger Leistungen werden mit der freien Entschädigung derer rechnen können, denen das Geistesgut Bedürfnis ist. Wem das nicht gelingt, wird zum Staat oder zur Wirtschaft wechseln müssen. *(23, 86)* Das Einkommen des Unternehmers fliesst aus seiner geistigen Leistung, nicht aus dem Profit, der aus der Produktivität der Produktionsmittel selber hervorgeht und der auf dem Zusammenwirken der gesellschaftlichen Kräfte beruht. Sein mit den Arbeitern vereinbarter Anteil kann vom Unternehmenserfolg abhängig gemacht werden. *(23, 125)* Der Familienvater wird ein höheres Einkommen haben können als der Einzelnstehende. Dadurch wird er mit anderen gleichgestellt. *(331, 78f)* Altgewordenen, Invaliden, Witwen, Kranken steht das Recht auf einen Lebensunterhalt zu. Wesentlich ist, „dass die Feststellung desjenigen, was ein nicht selbst Verdienender als Einkommen bezieht, nicht aus dem Wirtschaftsleben sich ergeben soll, sondern dass umgekehrt das Wirtschaftsleben abhängig wird von dem, was in dieser Beziehung aus dem Rechtsbewusstsein sich ergibt." *(23, 128)* Das Kind hat ein Recht auf Erziehung, für das ein entsprechender Erziehungsbeitrag zu geben sein wird vom zukünftigen Wirtschaftsleben. *(330, 321)* Einkommen im Staat entsteht durch Steuern und wird zwangsweise eingetrieben. *(23, 86)* Arbeitsloses Einkommen ist antisozial und muss unmöglich sein. Es ist wie eine „Geschwürbildung". *(24, 216)*

Erben: (>Eigentum) Das seitherige Erbrecht belässt die Kapitalgrundlage noch im Bereich der Familie, des Blutes. *(337a, 201f)* Das Blut hat aber seine Kräfte verloren. In Zukunft muss bei sozialen Einrichtungen der Geist, eine andere Art des Denkens mitsprechen. Daraus entstehen neue soziale Triebe. *(191, 44f)* Man wird das Erbrecht nicht mehr brauchen, weil im gesunden sozialen Organismus die Menschen diejenigen, die zu ihnen gehören, in einer ganz andern Weise werden für ihre Zukunft abfinden können. *(337a, 79)* „Jemand, in dem wirklich soziales Verständnis lebt, hat kein Interesse daran, dass seine Verbindung mit einer Kapitalgrundlage nachwirke bei Personen oder Personengruppen, bei denen die individuellen Fähigkeiten eine solche Verbindung nicht rechtfertigen." *(23, 119)*

Erkenntnisse – Gesetze – Verträge: „Alles, was im Leben unterliegt den Erkenntnissen, das muss verwaltet werden auf dem freien Boden des geistigen Gliedes. Alles, was im Leben in Gesetze eingespannt werden kann, gehört dem Staate an." Bei der Wirtschaft reicht es nicht aus, Gesetze zu geben. Da tritt ein drittes auf, das ist „der bestimmte Vertrag, der geschlossen wird zwischen denen, die wirtschaften, der nicht auf das Eventuelle hinarbeitet, sondern der auf das ganz bestimmte Erfülltwerden hin arbeitet." *(337a, 205)*

Erziehung und Schule: „Schulen, die vom Staate und vom Wirtschaftsleben ganz unabhängig sind, werden Menschen aus sich hervorgehen lassen, deren Geisteskraft gestaltend auf Staat und Wirtschaft wirken kann." *(24, 186)* „Nicht gefragt soll werden: Was braucht der Mensch zu wissen und zu können für die soziale Ordnung, die besteht; sondern: Was ist im Menschen veranlagt und was kann in ihm entwickelt werden?" *(24, 37)* - Im ersten Jahrsiebt führt die Erziehung durch Nachahmung zur Freiheit *(296, 18)*, im zweiten Jahrsiebt über die Autorität zu Recht und Demokratie. *(330, 280)* Wenn man glaubt, dass eine demokratisch-sozialistische Schulgemeinschaft zu Demokratie und Sozialismus erziehen wird, ist man auf dem Holzweg. *(330, 308)* Im dritten Jahrsiebt folgt über das Pflegen der allgemeinen Menschenliebe die Erziehung zur Brüderlichkeit. *(296, 21)* - „In der Zukunftserziehung ... muss ein besonderer Wert gelegt werden auf die Willens- und Gemütsbildung." *(293, 72)* Wenn Kinder etwas zu früh lernen, wenn zu früh Triebe und Begierden erweckt werden, schwächt das den Willen des Menschen. *(130, 125)*

Fähigkeiten: (>Individualität und Gesamtheit, >Kapital und Geist) Alle Fähigkeiten des Menschen entspringen, da er bewusst handeln muss, aus seinem Denkwillen. Das Gefühl als solches kann ohne Vorstellung nichts machen. Auch die praktische Geschicklichkeit hängt davon ab. *(332a, 82)* Heute wird der Gemeinschaft am besten gedient, wenn der einzelne ungehemmt seine Fähigkeiten zum Gedeihen der Gemeinschaft anwenden kann. Dazu ist notwendig, dass dieser einzelne Kapital ansammeln, und dass er auch mit andern sich frei vereinigen kann zur Auswertung dieses Kapitals. *(23, 106)* Aber sobald das Geistige, also Fähigkeiten, verbunden werden mit der Möglichkeit, aus Unternehmergewinn privaten Erwerb zu machen, wird das die tiefsten Schäden herbeiführen in der Zukunft. *(185a, 65)*

Fähigkeiten vertrauen: Die Aufnahme der individuellen Fähigkeiten des einzelnen Menschen muss von der freien Empfänglichkeit der Menschen abhängig sein. Lehrer, Künstler und so weiter werden durch die Art ihres Wirkens die Empfänglichkeit für ihre Leistungen entwickeln können. *(23, 80)* Es geht im Geistesleben um Tüchtigkeit, die durch das Vertrauen erkannt und getragen wird, nicht um die vom Staate abgestempelte Tüchtigkeit. *(185a, 148)* Das moderne offizielle Geistesleben hat einen gewissen Hass auf die Begabungen und eine gewisse Vorliebe für Produktion des Durchschnittlichen entwickelt. *(330, 31)*

Fortschritt: (>Aufbau - Abbau, >Industrialismus) Mit welch primitiven Mitteln wurden die Pyramiden hergestellt! Wie nährte sich der Mensch! Und was hat er sich bis jetzt alles an äusseren Kulturmitteln erobert! Einfach für den Magen wird heute der ganze Apparat in Bewegung gesetzt. *(104, 76)* Diese Dinge mussten auftreten, aber es müssen Gegenkräfte geschaffen werden. Sonst spaltet der materielle Fortschritt, und was sich dadurch an Impulsen und Leidenschaften ergibt, die Menschheit und führt sie in überwunden geglaubte Kulturepochen zurück. *(172, 196)* Dieser sich über die ganze Erde hinziehende Leib braucht eine Seele. Als solch eine Seele wurde gerade die Geisteswissenschaft in Anspruch genommen. Der innere Fortschritt ist jedoch in die Freiheit gestellt, äussere Verhältnisse in den Zwang. *(173b, 208)*

Freiheit: (>Denken, >Industrialismus, >"Philosophie der Freiheit") Der Freiheitsbegriff ist heute der „Fundamentalbegriff des sozialen Lebens". *(73, 178)* „Das wichtigste Problem alles menschlichen Denkens ist, den Menschen als auf sich selbst gegründete, freie Persönlichkeit zu begreifen." *(3, 90f)* „Frei kann dieses höchst entwickelte Tier nicht sein, das den Menschen umhüllt" - nach Marx - „frei kann auch nicht jener schemenhafte Mensch sein" - nach Hegel - „denn der ist durch logische Notwendigkeit gebildet." *(189, 166)* Die Gedankenfreiheit ermöglicht dem Menschen, sich als Individualität den Zusammenhängen gegenüberzustellen, in die alles andere eingebettet ist. *(4, 239)* „Freiheit ist Handeln aus sich heraus. Und aus sich darf nur handeln, wer aus dem Ewigen die Beweggründe schöpft. Willkür des Einzelwesens vernichtet sich selbst durch die Wirkung ihrer Taten." *(9, 191)* „Leben in der Liebe zum Handeln und Lebenlassen im Verständnisse des fremden Wollens ist die Grundmaxime des freien Menschen." *(4, 166)*

Freiheit und Gesetz: (>Christentum, >Gruppenurteil) Der freie Geist hat es ebenso selten nötig, über die Gesetze seines Staates hinauszugehen, wie der Philister selbst. „Denn die Staatsgesetze sind sämtlich aus Intuitionen freier Geister entsprungen, ebenso wie alle anderen objektiven Sittlichkeitsgesetze. ... unfrei wird nur der, welcher diesen Ursprung vergisst" *(4, 171)* Wenn man die Richtlinien seines Handelns in sich selber trägt, kann der andere sich darauf verlassen, auch ohne dass ein gemeinsames Gesetz, das die beiden zu Untermenschen macht, sie aufeinander dressiert. „Vertrauen muss das wichtigste Sozialmotiv der Zukunft werden. Die Menschen müssen aufeinander bauen können." *(196, 74)* Die Gruppe braucht das Gesetz. „Wer sich freiwillig hineinstellt in das Weltenwirken, der ist individuell." *(103, 80)*

Geist: „Kein Mensch, kein Tier, keine Pflanze, kein Stein kann sein, ohne dass der Geist die Grundlage dieses Wesens ist. .. Materie ist nichts anderes als verdichteter Geist. Sie taucht für den Sehenden auf aus dem Geist, dagegen für den, der nicht sehen kann, aus dem Nichts." *(57, 12)* Die innere Kraft des Geistes muss die sozialen Tatsachen schaffen. *(337a, 181)* Es kommt darauf an, morgens, wenn man in die Fabrik hineingeht, den Geist in die Fabrik hineinzutragen, damit er sich nicht neben dem wirklichen Leben als ein Luxus entwickelt. *(337b, 205)*

Geist, Seele, Leib: „So ist der Mensch Bürger dreier

Welten. Durch seinen Leib gehört er der Welt an, die er auch mit seinem Leibe wahrnimmt; durch seine Seele baut er sich seine eigene Welt auf; durch seinen Geist offenbart sich ihm eine Welt, die über die beiden anderen erhaben ist.“ *(9, 28)* „Unvergänglich ist der Geist; Geburt und Tod walten nach den Gesetzen der physischen Welt in der Körperlichkeit; das Seelenleben, das dem Schicksal unterliegt, vermittelt den Zusammenhang von beiden während eines irdischen Lebenslaufes.“ *(9, 88)* Der Mensch ist mit seiner Leibes-Entwicklung in eine „untere Welt“ eingegliedert; er bildet mit seiner Seelen-Wesenheit eine „mittlere Welt“, und er strebt mit seinen Geisteskräften nach einer „oberen Welt“ hin. *(26, 75)*

Geist und Sinneswelt: „Das sinnenfällige Weltbild ist die Summe sich metamorphosierender Wahrnehmungsinhalte ohne eine zugrunde liegende Materie.“ *(1, 255)* Das, was wir mit den Sinnen sehen, verhält sich so zu einem Geistigen hinter ihm, wie sich Eis zu Wasser verhält. Vor dem Physischen war das Geistige. *(57, 97)* „Geistiges und Materielles müssen sich gegenseitig tragen, wenn das eine dem anderen zum Unheil für die Menschheit nicht entfremdet werden soll.“ *(24, 469)*

Geistesleben: (>Denken, >Fähigkeiten, >Erziehung, >Kunst, >Wissenschaft, >Religion) Das irdische Geistesleben ist ein Abglanz des wahren, konkreten Geisteslebens, das wir vor unserer Geburt erlebt haben und von dem wir noch zehren. *(193, 23f)* Geistesleben im irdischen Sinne ist alles, was uns in irgendeiner Weise über den einzelmenschlichen Egoismus hinaushebt und mit Gruppen von anderen Menschen zusammenführt. *(193, 47)* Es umfasst alles, was auf der körperlichen und geistigen Begabung des einzelnen Menschen beruht; religiöses Leben, Schule und Erziehung, Kunst und Wissenschaft, privates Recht und Strafrecht. Nicht das öffentliche Recht. *(328, 39)* „Kräfte der innersten Menschennatur können nicht durch Einrichtungen entfaltet werden, sondern allein dadurch, dass Menschenwesen auf Menschenwesen in völliger Freiheit wirkt. .. Das sozial wirksame menschliche Innere wird nur verkümmert, wenn Instinkte vererbt oder anerzogen werden, die von staatlicher Bevorrechtung oder wirtschaftlicher Übermacht herrühren." *(24, 72)* Das Geistesleben braucht „das scharfe Denken, das scharfe Wollen, das aus der Individualität kommt." *(196, 125)* „Gerade durch die Selbständigkeit wird das Geistesleben zugleich praktisch werden. .. Im Geistesleben wird zu herrschen haben Sachkenntnis und Anwendung der Sachkenntnis." *(332a, 41)* - Grosse Geister bringen auch ihre Gegner hervor. Das „wirklich Geistige muss in der Menschenseele in dem Lichte der Freiheit und der freien Konkurrenz geboren werden." *(328, 64)* „Nur in einem freien Geistesleben kann eine solche Liebe zur menschlichen gesellschaftlichen Ordnung entstehen, wie sie etwa der Künstler zu dem Entstehen seiner Werke hat." *(24, 51)*

Geistesleben befreien: (>Freiheit, >Individualität, >Krieg) Die Verworrenheit des öffentlichen Lebens rührt von der Abhängigkeit des Geisteslebens vom Staat und der Wirtschaft her. *(23, 9)* Der Geist wird so zur Ware gemacht, Unternehmungsgeist wird an der Börse gehandelt. *(338, 80f)* Wenn wir das Geistesleben nicht befreien, haben wir Kapitalisten und ihre Knechte als geistige Leiter. *(331, 84)* - Wir haben ein Luxus-Geistesleben auf dem Unterbau von Millionen Menschen, die daran nicht teilnehmen können. *(192, 22)* „Daher, weil dieses Geistesleben dünn, schattenhaft ist, bestimmen sich die Kräfte, die in diesem Geistesleben wirken, nicht nach wirklich Geistigem, sondern nach den Instinkten, nach den Trieben, nach dem Animalischen in der Menschheit." *(196, 17)* Insbesondere brauchen wir heute ein Hineinleuchten in die ganze Welt der Unwahrhaftigkeit, welche unser geistiges Leben durchzieht. *(342, 202)* „Entweder wird die heutige zivilisierte Menschheit sich dazu bequemen müssen, ein solches selbständiges Geistesleben hinzunehmen, oder die gegenwärtige Zivilisation muss ihrem Untergang entgegengehen und aus den asiatischen Kulturen muss sich etwas Zukünftiges für die Menschheit ergeben." *(191, 211)*

Geistesleben, Finanzierung: (>Schenken) „Alles, was zum Unterhalte der geistigen Organisation nötig ist, wird dieser zufliessen durch die aus freiem Verständnis für sie erfolgende Vergütung von Seiten der Einzelpersonen, die am sozialen Organismus beteiligt sind." *(23, 127)* Der geistig Tätige „wird mit der freien Entschädigung derer rechnen können, denen das Geistesgut Bedürfnis ist." Wer durch solche Entschädigung innerhalb der Geistesorganisation nicht leben kann, wechselt zum Gebiet des Staates oder in die Wirtschaft. *(23, 86)* „Unentgeltlichkeit des Schulwesens ist nichts weiter als eine soziale Lüge. Man verbirgt dahinter, dass man erst einer kleinen Clique, die den Staat bestimmt, den Mehrwert in die Tasche liefern muss, damit die ihr Schulwesen gründet, durch das sie die Menschen beherrscht.“ *(192, 14)*

Geistesleben und Ratschlag: Im Staat geht es um Parlamente, in der Wirtschaft um Assoziationen, im Geistesleben geht es um die einzelne Individualität, die ein Netz von Autorität schafft. *(341, 87)* Wenn jemand wirklich den Willen hat, etwas Heilbringendes zu machen, und weiss, der andere kann ihm einen Rat geben, dann kommt er schon, und dann wird derjenige, der ihm den Rat geben kann, die selbstverständliche Autorität. Es gibt einerseits die freie Anerkennung der Autorität, andererseits das Gruppenurteil. *(338, 156)* Staat und Wirtschaft werden den Zufluss, den sie brauchen, von dem sich selbst verwaltenden geistigen Organismus erhalten. *(23, 13)*

Geistesleben, Rechtsleben, Wirtschaftsleben: (>Seele, >Geist, Seele, Leib) Der soziale Organismus „muss die geistige Organisation haben, weil wir in diese vorzugsweise dasjenige hineintragen, was wir aus dem vorgeburtlichen Leben uns mitbringen; er muss die wirtschaftliche Organisation haben, weil sich in dieser stumm entwickeln muss dasjenige, was wir durch die Todespforte tragen, .. und er muss abgesondert von diesen beiden anderen das Leben des Rechtsstaates haben, weil auf diesem Gebiete sich vorzugsweise das ausprägt, was für dieses irdische Leben gilt.“ *(190, 91)* Das Wirtschaftssystem regelt das materielle Verhältnis des

Menschen zur Aussenwelt. Das Rechtssystem hat es mit dem Verhältnis von Mensch zu Mensch zu tun. Im Geistesleben geht es um individuelle Begabung und Tüchtigkeit. *(190, 135)* Im Geistesleben geht es um Ratschläge, im Rechtsleben um Gesetze, im Wirtschaftsleben um Verträge. *(331, 166)*

Geistesleben und Wirtschaftsleben: (>Kapital und Geist, >Produktivität) „Ein Wirtschaftsleben, das wirtschaftlich eingerichtet ist, das lässt Schäden entstehen gerade durch seine Tüchtigkeit; und im Entstehen, im status nascendi, muss man gleichzeitig die Schäden aufheben. Das kann man nicht durch den Wirtschaftsorganismus selber, sondern durch den danebenstehenden Geistes- und Rechtsorganismus." *(332a, 110)* Das Wirtschaftsleben zerstört und scheidet aus, das selbständige Geistesleben verhält sich dazu wie das ständig Aufbauende. *(200, 76)* „Auf allen Stufen des Geisteslebens werden nicht Menschen ausgebildet, die lebensfremd sind, weil sie nur wissen, sondern Menschen, die denken können, die disponieren können." *(330, 183)*

Geisteswissenschaft, Anthroposophie: (>Mensch) Anthroposophie geht aus der Naturwissenschaft hervor und stellt neben die Wissenschaft von der Natur die Wissenschaft vom Geiste, zunächst durch Begriffe für den gesunden Menschenverstand. *(72, 66)* Erforscht werden können die übersinnlichen Tatsachen nur durch die übersinnliche Wahrnehmung. Sind sie aber erforscht, so können sie durch das gewöhnliche Denken eingesehen werden. *(13, 142)* „Man kann heute Geisteswissenschaft studieren, sie ist da" Man kann noch „allerlei Meditationen" machen, aber „das Nötige geschieht schon, wenn man nur Geisteswissenschaft studiert und richtig bewusst versteht." *(182, 148)* „Dieses Verständnis kann angestrebt werden, .. wenn jene Kräfte, die in einer fruchtlosen, vielleicht sogar menschenmörderischen Technik verwendet werden, entsprechend angewendet würden." *(183, 57)*

Geisteswissenschaft und soziale Frage: (>Weisheit - Liebe) Der Materialismus, der Egoismus bringen die Zersplitterung der Menschheit, der einzelne übersieht nur seine Interessen. Die Weisheit muss die dadurch getrennten Menschen wieder zusammenbringen. *(97, 130)* Die Arbeit fährt in die Seele, wenn die Menschen Verständnis haben für den sozialen Organismus. Solches Verständnis kommt durch die inspirierten Begriffe der Geisteswissenschaft. *(296, 60)* „Soziale Gesetze ausdenken ist nicht eine Sache des Scharfsinns, sondern der Liebefähigkeit." *(188, 93)*

Geld: (>Wirtschaft und Geld) Heute kann Geld nicht mehr selber Ware sein, sondern nur ein Ausgleichsmittel für die gegenseitigen Wertverhältnisse der Ware. *(337b, 208)* Es kann nur eine Anweisung auf Waren sein, „die von andern erzeugt sind und die man aus dem Gesamtgebiet des Wirtschaftslebens deshalb beziehen kann, weil man selbst erzeugte Waren an dieses Gebiet abgegeben hat." *(23, 130)* Einerseits ist der Geist des Menschen über seine Anerkennung und Verwendung in dem Geld volkswirtschaftlich tätig. *(340, 58)* Andererseits muss es einen Bezug haben zur Natur. Es ist „Ausdruck für die Summe der brauchbaren Produktionsmittel" in irgendeinem Gebiet, in erster Linie Grund und Boden. Dadurch wird der ganze volkswirtschaftlichen Prozess auf etwas Erfassbares zurückgeführt. *(340, 207f)* Es gibt nicht Geld als solches, sondern Kaufgeld, Leihgeld und Schenkungsgeld. *(340, 183)*

Geld, Alterung und Verjüngung: (>Geldschöpfung, >Schulden nachlassen, >Währung) Alterndes Geld; ein solches Begriffsbild ist wie ein werdender Mensch. „Man hat das allgemeine Gefühl: Der wird dieses oder jenes Tüchtige leisten können." *(340, 199)* Dass sich Geld vermehrt, das man bloss hat und das vielleicht ererbt ist, wenn man es auf die Bank legt, ist „ein völliger Unsinn". *(186, 50f)* „Das Geld wird sich abnützen wie sich Waren abnützen. Doch wird eine solche vom Staate zu treffende Massnahme gerecht sein. „Zins auf Zins" wird es nicht geben können." *(23, 133)* Das Geldstück mit der Jahreszahl 1910 hat zum Beispiel seinen Wert verloren im Jahre 1935. Das Geld wird „in meinem Portemonnaie alt." *(340, 179)* Oder etwas wie „Umprägung oder Neudruck von Zeit zu Zeit" muss Gesetz werden. *(23, 132)* Dann hat man die nötigen assoziativen Vereinigungen zwischen Kaufgeld, Leihgeld, Schenkungsgeld und Gelderneuerung zu stellen. Das Geld wird eingesammelt und bekommt jetzt wieder im Beginn des Kauf- und Verkaufsprozesses seinen ursprünglichen Wert. Das erneuerte Geld geht über an denjenigen, der wieder ein in die Arbeit übergehendes Naturprodukt zu behandeln hat. *(340, 182)* Das Geld ist in jedem Falle „der gemeinsame Index, der zu dem gemeinsamen Vergleich für die gegenseitigen Werte der Waren da ist. Das ist dasjenige, was auch durch die Art dieser Dreiteilung erreicht werden kann, und was partiell, einzeln angestrebt wird von der Freiland-Freigeld-Bewegung. Ich bin ganz mit dieser Bewegung einverstanden.“ *(329, 140)*

Geld als Buchführung: (>Weltwirtschaft) Das sich abnutzende Geld als Parallelströmung zu den sich abnützenden Waren, Gütern, Sachwerten, ist im Grunde genommen die über die ganze Weltwirtschaft ausgedehnte Buchführung. *(340, 202)* Das Geld ist Zeichen oder Ausdruck für die Summe der brauchbaren Produktionsmittel einschliesslich Grund und Boden in irgendeinem Gebiet. *(340, 206f)* „Denn ich weiss dann: Wenn ich ein Bild male, .. so müssen .. so und so viel .. Landarbeiter so und so viel Monate oder Jahre arbeiten an Weizen, an Hafer und so weiter. Denken Sie sich, wie übersichtlich dadurch der wirtschaftliche Prozess würde.“ *(340, 211)*

Geld christlich haben: „Wer glaubt, dass er vom Geld leben kann, der hat kein Interesse für seine Mitmenschen.“ *(186, 45f)* Geld soll nicht einfach von einem Menschen auf den anderen übergehen, ohne dass in diesem Zusammenhang Ware zirkuliert. „Sie können nicht erben, ohne dass soundsoviel ahrimanische Kraft mit dem Gelde übergeht.“ Geld christlich zu haben, heisst es so zu erwerben, dass man durch die gegenseitigen Leistungen zwischen Geburt und Tod das Geld erwirbt.

„Was tun Sie also, wenn Sie selbst nicht arbeiten, aber Geld haben und dieses Geld hingeben und der andere Mensch dafür arbeiten muss? Dann muss der Mensch das zu Markte tragen, was sein himmlischer Anteil ist, und Sie geben ihm nur Irdisches.“ (*186, 50*)

Geld; Leihgeld: (>Kredit, >Zins) Der reale Geldwert auch des Kaufgeldes ist wesentlich nur da, indem Geld über die Zeit verliehen wird. *(340, 181)* Wenn das Leihgeld in Zirkulation kommt, entsteht der Wert allein dadurch, dass der Geist des Menschen eingreift. Das Leihkapital schwimmt im volkswirtschaftlichen Prozess „zum Klugen hin“ ab *(340, 61)* Leihgeld darf sich nicht in das Kaufgeld zurück-stauen und dieses stören, indem die Überschüsse in Grund und Boden fliessen Es muss rechtzeitig „in den geistigen Institutionen verschwinden.“ *(340, 158)* Der andernfalls entstehende Bodenwert ist ein Scheinwert, die Preise werden dadurch verfälscht. *(340, 75f)* Konkrete Kultivierungs- und Kulturinteressen müssen sich dann dem abstrakten Gewinninteresse beugen. *(337a, 147f)*

Geld-Markt: Durch die Emanzipation des Geldmarktes wurde das konkrete Interesse an Produkten oder Produktionszweigen ersetzt durch das abstrakte Interesse am alle diese Differenzierungen auslöschenden Kapital, am Geldkapital. *(337a, 146)* „Die Menschen leben von Leistungen, und nicht von den Zeichen dieser Leistungen in Wirklichkeit.“ *(340, 203)* „Geldgeschäfte an sich sind der grösste Schaden unseres Wirtschaftslebens.“ *(337a, 191)*

Geld; Schenkungsgeld: (>Schenken) Schenkungsgeld ist alles, was für Erziehung usw. ausgegeben wird; „alles, was bewirkt, dass sich nicht in einer störenden Weise Kapital staut auf Grund und Boden durch die Kapitalisierung von Grund und Boden, wodurch die Volkswirtschaft eben ruiniert wird." Dieses entwertet sich dann. Nur derjenige kann damit kaufen, „der Schenkung kriegt." *(340, 176)*

Geld und Staat: (>Wirtschaft und Geld, >Schulden) Durch den staatlichen Einfluss kommt es zu einer Geld-Täuschung: Nicht abnutzbares Geld ist im Vorteil gegenüber den abnützbaren Gütern. Die Hundertfranken-Note ist eigentlich ein Scheingebilde, ist in Wirklichkeit gar nichts wert. *(340, 88)* Solange das Geld nicht seinen Wert bekommt innerhalb der Wirtschaft, ist es noch „eine Ware, und zwar nur dadurch, dass ihm sein Wert aufgetragen wird durch den Staat." *(331, 224)* Nur weil es gesetzliches Zahlungsmittel ist, ist das Geld Äquivalenz für soundso viel menschliche Arbeit, und wird zum Machtmittel. *(186, 168)* Auch der „Scheinwert, der einem bestimmten Metall zugeschrieben wird, der wird aufhören", wenn die Geldverwaltung von Staate an die Wirtschaft geht. *(190, 26)* Erst dann wird auch die Lebenslüge der Lohn-Preis-Spirale überwunden. *(328, 161)* Der Staat hat aber die Aufgabe,zu gewährleisten, dass das Geld nur Wertmesser für die gegenseitigen Warenleistungen ist. Die Abnutzung des Geldes wird auf Massnahmen des Staates beruhen, sodass „der Zinsbezug von einem Kapitale im Laufe der Jahre sich immer verringere." *(23, 132)*

Geld-Zirkulation: (>Währung, >Wirtschaftliche Urzelle) So wie Natur durch Arbeit, Arbeit durch Organisation und Kapital durch den Geist der Menschen einen Wert bekommt, so bekommt das Geld als solches einen Wert durch die Zirkulation. *(340, 172)* Dadurch, dass das Geld altert und in Zirkulation kommt als Kaufgeld, Leihgeld und Schenkungsgeld, entsteht an der einen Stelle das Bedürfnis nach jungem Geld und an der anderen Stelle das Bedürfnis nach altem Geld. *(340, 202)* Es entstehen drei Geldgebiete. Was seither durch Export und Import korrigiert werden musste, wird jetzt korrigiert von den drei Gebieten. *(340, 183)*

Geldschöpfung: (>Landwirtschaft und Industrie, >Schulden) In einer geschlossenen Dorfwirtschaft arbeiten die meisten Leute körperlich. Sie müssen das an körperlicher Arbeit zusätzlich leisten, was der Lehrer und der Pfarrer und der Gemeindeverwalter brauchen zum Essen, Kleiden und so weiter. Diese drei liefern dafür ihre geistigen Leistungen. Nun gibt jeder von den Bauern und Handwerkern den drei Personen Zettel, die Gutscheine sind für bestimmte Warenleistungen, die untereinander vergleichbar sind. Nun können die drei auf körperliche Arbeit verzichten. Statt dessen geben sie die Zettel an die Handarbeiter ab. Die arbeiten es mit und geben ihnen dafür das Produkt. Das ist der Vorgang, Anweisungen zu bilden auf Grundlage der an den Produktionsmitteln geleisteten Arbeit, die man denen übergibt, die Handarbeit ersparen sollen. *(340, 206)*

Gesellschaft: (>Gruppenurteil, >Menschheit) Gesellschaft ist eine Abstraktion: „Man steht ja nur dadurch allen Menschen gegenüber, dass man dem einzelnen gegenübersteht.“ *(186, 91)* In der Vergangenheit war Machtgesellschaft, da wirkt der Einzelwille in der Gesamtheit. Jetzt ist Tauschgesellschaft, in der die Einzelwillen aufeinanderprallen. In der zukünftigen Gemeingesellschaft, wo „ein organisierter Gesamtwille auf den einzelnen wirken soll, .. darf niemand, der an der Gestaltung dieses Gesamtwillens teilnimmt, unverständig sein gegenüber dem, was das wahrhaft Menschliche ist.“ *(332a, 169f)*

Gesetze: (>Freiheit und Gesetz) Gesetze sind nicht Erkenntnisse. Bei Erkenntnissen stellen wir uns der Wirklichkeit gegenüber, um aus ihr heraus den Impuls zum Handeln zu bekommen. Gesetze werden gegeben, damit das staatlich-politische Leben, das Rechtsleben, bestehen kann. Kurz, es ist immer etwas da, das Gesetz, aber erst für den Fall, der eventuell eintreten kann. *(337a, 205)* „Nur auf dem Gebiete der Natur gibt es ein Abgezirkeltes an Gesetzen. Wenn man dem Leben gegenübersteht, dann muss man Können haben, das diesem Leben auch gewachsen ist.“ *(72, 180)* Die Menschen vergessen immer wieder ein christliches Wort, das Paulinische Wort: Die Sünde ist durch das Gesetz gekommen, nicht das Gesetz durch die Sünde. *(192, 149)*

Gewinn, Mehrwert: (>Rente, >Motivierung) Sowohl beim Käufer wie beim Verkäufer; bei jedem, der mit dem anderen etwas zu tun hat im volkswirtschaftlichen Prozess, entsteht im rein volkswirtschaftlichen Sinn

Vorteil und Gewinn. Das Hängen an diesem Vorteil ist das, was eigentlich den ganzen volkswirtschaftlichen Prozess hervorbringt, was die Kraft in ihm ist. *(340, 145)* „Der Profit mag in ethischer Beziehung was immer bedeuten; in wirtschaftlicher Beziehung ist er in der hergebrachten Wirtschaftsform das Erkennungszeichen für die Notwendigkeit der Erzeugung eines Gutes... Für das Wirtschaftsleben handelt es sich darum, dass das Erkennungszeichen des Profits abgelöst werde durch das Wirken von Personen, die in dem Wirtschaftskreislauf mit der Aufgabe eingeschaltet werden, die Vermittlung zwischen Konsumtion und Produktion in vernunftgemässer Weise zu besorgen, so dass der Zufall des Marktes wegfällt." *(24, 68)* Gewinn ist notwendig, man kann nicht auf ihn verzichten. Geistesleben und Staat müssen durch den Mehrwert finanziert werden. *(189, 111)* „Es kann sich gar nicht darum handeln, dass der Mehrwert der Handarbeit zufliesst, sondern nur darum, dass der Mehrwert in einem Sinne, mit dem der Handwerker einverstanden sein kann, verwendet werde." *(189, 89)* „Schon in dem ganzen Aufbau des Wirtschaftslebens liegt es darinnen, dass man seinen entsprechenden Gewinnanteil bekommen muss." *(337b, 172)* Der Unternehmensprofit kommt der Allgemeinheit zugute. Der oder die Unternehmensleiter können zwar noch über ihr vertragliches Einkommen hinaus am Gewinn beteiligt werden, aber nur im Sinne eines Zinsbezuges. *(23, 125f)*

Gleichheit und Ungleichheit: (>Verteilung, gerechte) „Wir können uns überhaupt als Menschen nur im Leben zusammenfinden, wenn wir, jeder für sich selber, den

Geist suchen und zuletzt zu einem gleichen geistigen Inhalte kommen können." *(275, 93)* Gleichheit haben wir durch die menschliche Gestalt, durch das Menschenantlitz. Differenziert sind wir stark durch unsere Begabungen und Fähigkeiten, viel geringer durch Rassen- und Volksunterschiede. *(192, 39)* Wenn sich der Mensch aber gleich jedem anderen fühlen kann, kann er auch auf den anderen Gebieten „die Autorität anerkennen oder das assoziative Urteil." *(338, 156)* Um die Ungleichheit zu beseitigen, reicht es nicht, die wirtschaftliche Übermacht bei den Einzelnen zu beseitigen, um auch deren rechtliche und geistige Übermacht aus der Welt zu schaffen. Initiative und individuelle Tüchtigkeit müssen sich entfalten können. Das Problem ist, dass das rechtliche Leben der Menschen in Abhängigkeit gekommen ist von dem wirtschaftlichen. *(24, 233)*

Glück und Unglück: (>Gut und böse) „Das Gute ist das Glück der größtmöglichen Menschenanzahl auf der Erde." Dieser Satz, ein Grundsatz der Nützlichkeitslehre, ist ein rein teuflischer Satz, denn er definiert das Gute so, dass mit ihm das Elend der Minderzahl verknüpft ist. *(185a, 105)* Durch den Materialismus sucht man den Sinn nur zwischen Geburt und Tod; will da alles restlos erleben, restlos glücklich sein. Man will den Sinn des Lebens nur aus der Begierde heraus entwickeln. Das sind die sozialistischen Ideale. *(198, 204)* „Es gibt nichts, was zum Glück, zur Freude, zur Seligkeit entstanden ist, ohne dass es hat entstehen können auf Grundlage des Schmerzes." Das Widerstreitende nicht haben wollen, heisst, das Gute nicht haben wollen. *(176, 261)*

Gruppenurteil, Gruppenseele: (>Individualität, >Blut und Geist) „Für die weitaus meisten Menschen ist heute ihr Ich ein Zwischenprodukt zwischen einem Gruppen-Ich und einem individuellen Ich." *(101, 209)* Früher fühlte sich der Mensch als ein Glied seines Stammes, seines Volkes, seiner Rasse. *(102,101)* Aus Instinkten werden freie Antriebe. Der Mensch ringt sich los aus der Gruppe, aus dem blossen Volkstum, damit er seine Antriebe in sich selber finden kann. Denn in seinem Körper kann er sie nicht finden, „er muss sie in dem Geiste, der eingeprägt ist seiner Seele, finden." *(305, 224)* „Eine Art Gruppenurteil, eine Gruppenseele" können jetzt wieder bewusst kommen, „indem man im wirtschaftlichen Leben die Menschen wiederum in Gruppen vereinigt, zu Assoziationen, die sich halten und tragen durch ihr wirtschaftliches Urteil." *(199, 92)* Heutige Gruppenbildungen werden durch Eitelkeit und Unwahrhaftigkeit der Versuchung der satanischen Macht ausgesetzt sein. *(346, 262)* „Wir können deshalb bei so vielen Menschen sagen, wie sie in einem gegebenen Falle handeln oder denken werden, weil wir die Suggestionen kennen, unter deren Einfluss sie stehen." *(30, 338)*

Gut und böse: (>Moralische Intuition) Es ist ein Wahn, das gute Prinzip auf die eine Seite und das böse Prinzip auf die andere Seite zu setzen. *(194, 20)* „Was man das Gute nennt, ist nicht das, was der Mensch soll, sondern das, was er will, wenn er die volle wahre Menschennatur zur Entfaltung bringt." *(4, 233)* „Nur wenn ich meiner Liebe zu dem Objekte folge, dann bin ich es selbst, der handelt. Ich prüfe nicht verstandesmässig, ob meine Handlung gut oder böse ist; ich vollziehe sie, weil ich sie liebe.“ *(4, 162)* Das Böse ist dazu da, die Kraft des Menschen zu stählen durch dessen Überwindung. *(101, 237)* Nicht darauf kommt es an, ein guter Mensch sein zu wollen, gute Gedanken auszusenden usw., sondern „dass wir das Talent entwickeln, auch schlecht zu sein mit der schlechten Menschheit“, weil unsere soziale Ordnung uns „eben dazu zwingt, so zu leben.“ *(189, 72)*

Individualität und Gesamtheit: (>Soziologisches Grundgesetz, >Reinkarnation, >Produktion und Konsumtion) „Durch meine Instinkte, Triebe bin ich ein Mensch, von denen zwölf ein Dutzend machen; durch die besondere Form der Idee, durch die ich mich innerhalb des Dutzend als Ich bezeichne, bin ich Individuum.“ *(4, 164)* Man hat die Sprache nur von der Gemeinschaft, und alles materielle Gut hat nur durch die soziale Gemeinschaft zustande kommen können. *(336, 221)* Und man hat seine individuellen Fähigkeiten nur innerhalb der Sozietät, auch wenn man das Karma berücksichtigt. Man schuldet, was man hervorgebracht hat, der Sozietät. Aber man kennt es selber am besten und kann es daher zunächst auch am besten verwalten. *(189, 145)* Das Wichtigste für die Zukunft wird durch die Tüchtigkeit des Individuums geschehen, nicht durch Institutionen. *(185a, 148)* „Die Gesamtheit muss eine geistige Mission haben, und jeder muss beitragen wollen, dass diese Mission erfüllt werde.“ *(34, 215)*

Industrialismus: (>Landwirtschaft und Industrie, >Natur und Unternatur) Noch im Handwerk konnte man sich als Mensch verwirklicht sehen. *(23, 35)* Die Industrie neigt zu einer völligen Gleichgültigkeit gegenüber der Arbeitsweise, sogar dem Arbeitsprodukt gegenüber. *(337b, 224f)* „Will man nicht für den Tod arbeiten, so kann man nicht im modernen Sinne arbeiten, denn man muss im modernen Zeitalter maschinenmässig arbeiten.“ *(185, 70)* Der Mensch ist auf sich zurückgewiesen, er musste seinen Geist durch den Widerstand gegen das Maschinelle aus sich selber hervorrufen. *(214, 90)* - „Die Zusammenschmiedung des Menschenwesens mit dem maschinellen Wesen“ wird kommen. Die in unser Nervensystem hinein ersterbenden Kräfte werden immer mächtiger werden. Sie sind verwandt mit elektrischen, magnetischen Kräften und es wird eine Verbindung zwischen ihnen und den äusseren Maschinenkräften hergestellt werden. Entscheidend wird sein, ob das selbstlos oder aus Gruppenegoismus heraus kommt. *(178, 219)* Der Intellekt ermöglicht Freiheit; seinen Schöpfungen gegenüber ist man nicht frei. Maschinen sind Träger von Dämonen. *(200, 92)* „Soll der Mensch in dieser Mechanisierung nicht untergehen, so muss seine Seele sich jederzeit frei erheben können.“ *(24, 81)*

Intelligenz: (>Weisheit und Instinkt, >Verstand) „Diese Intelligenz war noch in der ägyptisch-chaldäischen Zeit etwas Gutes, diese Intelligenz ist dann dasjenige geworden, was seine Verwandtschaft eingegangen hat mit den Kräften des Todes. Diese Intelligenz wird eine Verwandtschaft eingehen mit den Kräften des Irrtums, der Täuschung und des Bösen.“ *(296, 89f)* Wenn das Intellektuelle ergänzt wird durch Imagination, Inspiration, Intuition, d.h., wenn der Mensch aus seinem ganzen Wesen heraus denkt, dann wird Instinktives ins Bewusstsein herauf gehoben. *(186, 159)*

Kapital: (>Produktionsmittel, >Unternehmer, >Rente) Wer einfach den „Kapitalismus bekämpfen" will, wird in der Barbarei landen. Wir brauchen für unser Wirtschaftsleben einen Kapitalismus im modernen Sinn des Wortes. *(334, 202)* Bei allem, was mit dem Kapital zu tun hat, muss Unternehmerkapital und Rentenkapital genau unterschieden werden. *(341, 26)* Die erste Phase des Kapitals besteht darin, dass, während früher nur von der Natur her, jetzt vom Geist her über Erfindungen, Rationalisierung usw. die Arbeit organisiert und gegliedert wird. „Kapitalentstehung ist immer die Begleiterscheinung der Arbeitsteilung." *(340, 54f)* „So etwas wie „Kapital ist aufgespeicherte Arbeit", das ist kein Begriff. Kapital ist Macht und verleiht Macht, jederzeit neu entstehende Arbeit in seinen Dienst zu stellen." *(330, 414)* Ob das Kapital fördernd oder hemmend in sozialen Organismus wirkt, hängt davon ab, wie die individuellen Fähigkeiten, die Rechtsbildung und die Kräfte der Wirtschaft es erzeugen und verbrauchen. *(23, 91)* „Es wird zirkulieren in diesem gesellschaftlichen Organismus, wie das Blut im menschlichen oder im tierischen Organismus zirkuliert." *(330, 176f)* „Man muss das Kapital entstehen lassen, man muss es auch eine Weile verwaltet sein lassen von denen, die es haben entstehen lassen," dann muss man es „in die wirkliche Allgemeinheit der Menschen übergehen" lassen. *(189, 145)*

Kapital und Geist: (>Kredit) „Was ist denn notwendig für die Produktion? Ist in Wirklichkeit Kapital notwendig? Nein! Es ist eben ein Unsinn, dass Kapital notwendig ist. Damit die Produktionsmittel bedient werden können, ist notwendig, dass geistige Arbeit da ist." *(331, 63)* Die Möglichkeit, aus den individuellen Fähigkeiten heraus frei über die Kapitalgrundlage zu verfügen, muss bestehen. „Die Unterbindung der freien Verfügung über die Produktionsmittel kommt gleich einer Lähmung der freien Anwendung der Geschicklichkeit seiner Leibesglieder." Das damit verbundene Eigentumsrecht muss in dem Augenblick verändert werden können, in dem es umschlägt in ein Mittel zur ungerechtfertigten Machtentfaltung. *(23, 109f)* Der fähige Mensch „wird in der Lage sein, gewissermassen im Auftrag einer ihm vertrauenden Gruppe, das heisst aber der Allgemeinheit des sozialen Organismus, einen solchen Betrieb aufzubauen, der heute auf dem Privatkapital und Privatkapitalgenuss aufgebaut werden kann." *(330, 176)* Dass nicht der Ausblick auf den wirtschaftlichen Vorteil bestimmend sein muss für die durch Kapital ermöglichte Auswirkung der Fähigkeiten, werden nur die für grotesk halten, die sich in geistiger Höhe aufhalten und keine Brücke bauen wollen zwischen geistigen Impulsen und gewöhnlichem Handeln. *(23, 101)* „Gesellschaftliche" Verwaltung des Kapitals verhindert ebenso wenig wie dessen Verwaltung durch die Wirtschaft kapitalistische Machtausübung. *(23, 98)* „Nehmt dem Staat die Schulen ab, nehmt ihm das geistige Leben ab .. Dann wird dieses geistige Leben auch von sich aus in der richtigen Weise zum Rechtsstaat und zum Wirtschaftsleben sich stellen können, wird .. auch der richtige Verwalter des Kapitals sein." *(190, 24)*

Kapital, Überleitung und Verbrauch: (>Eigentum im Fluss) Wenn ein Produktionsmittel nach seiner Fertigstellung frei in den Gesellschaftsbau übergeht, würde das egoistische Interesse, für die Kapitalisten zu schaffen, der Tendenz, für die Welt zu schaffen, weichen. *(192, 138)* Die Werte, die Produktionsmittel, sollen im Grunde genommen durch einen Prozess übergehen, der mit dem Schenken identisch ist, auf den der dazu befähigt ist, sie weiter zu verwalten. *(340, 91)* Jedermann muss ein Interesse an einer solchen Übergabe an besonders Befähigte haben. Nicht, weil sie einzelnen Vorteil bringt, sondern weil sie der Allgemeinheit am besten dient. *(23, 109)* Diese Übertragung soll nicht durch staatliche Bevorrechtung oder wirtschaftliche Macht bewirkt werden. *(24, 73)* Das Verfügungsrecht bleibt den Besitzern, solange sie produzieren. Den vom sozialen Gesichtspunkt her geeigneten Nachfolger wird am besten der ursprüngliche Besitzer herausfinden, andernfalls eine Korporation der geistigen Organisation. *(23, 113f)* Die Kapitalübertragung ist auch ähnlich wie beim Urheberrecht denkbar, das 30 Jahre nach dem Tod endet. In der hebräischen Zeit wurden die Güter nach bestimmter Zeit neu verteilt. *(189, 144)* Der gesunde Kapitalverbrauch finanziert das Geistesleben, muss jedoch einen Rest „Saatgut" übriglassen, etwa um den Arbeitern etwas beizubringen, um sie in andere Berufszweige überzuführen, oder zur Bodenverbesserung, oder zur rationelleren Förderung von Rohproduktequellen. *(340, 76f)*

Kapitalismus: (>Industrialismus, >Proletarier, >Presse) Durch das Abstraktwerden des Wirtschaftslebens unter dem Geldeinfluss seit dem 15. Jahrhundert hat sich die Individualität losgelöst von der Gruppenhaftigkeit. *(337a, 289f)* Es kommt zu einem Krankheitsprozess im sozialen Organismus durch das „Aufsaugen der im Kapital wirksamen Kräfte durch den Kreislauf des Wirtschaftslebens“. *(23, 100)* Das Kapital, „als fünftes Rad am Wagen“, ist dann nur dazu da, damit sich die Leute, die nicht gearbeitet haben, etwas herausschlagen können. *(331, 66)* An die Stelle eines sachlichen Interesses an den Einrichtungen und Erzeugnissen der Umgebung tritt der persönliche private Besitz an Grund und Boden und Produktionsmitteln. *(330, 289)* In der Industrie streiken die Arbeiter wegen des Lohnes, aber nicht gegen das Fabrizieren von Kanonen. Es kommt nur darauf an, etwas zu erwerben. *(337b, 224f)* Der Kapitalprofit im Unternehmergewinn nimmt im selben Verhältnis zu, in dem überschüssige Arbeit da ist und unnötige Warenvorräte auf den Markt kommen. *(337b, 214)* - Der Privatkapitalismus ist egoistisch, aber innerhalb der technischen Kultur kann nur egoismusfrei gearbeitet werden. Aus diesem Dilemma kann nur ein neues Geistesleben führen. *(192, 89)* Interessen seelischer Art, Kultur- und konkrete Menschheitsinteressen können erfordern, dass z.B. auf diesem Grund und Boden ein bestimmtes Produkt gepflanzt wird und nicht etwa eine Gegend abgeholzt wird. Im Geldkapitalismus verschwinden solche Gesichtspunkte sofort und es wird ein abstraktes Prinzip über alles das hinüber ergossen, was früher konkretes Menschheitsinteresse war. *(337a, 147)*

Kapitalismus und Einheitsstaat: (>Recht als Gewalt) Das Wirtschaftsleben ist dem Kapitalismus ausgeliefert durch das protektionistische Verhältnis zwischen Staat und kapitalistischem Unternehmertum. *(331, 183)* Aus der Demokratie wurde durch Finanzinteressen ein Werkzeug zur Ausbeutung der Gesamtheit. *(177, 247f)*

Karzinom, soziales: (>Krieg, >Soziales Heil) Die Produktion arbeitet ganz nach dem Prinzip, nach dem die Natur schafft. „Die Natur wird in die soziale Ordnung hinein fortgesetzt" und es wird für den Markt ohne Geist, ohne Rücksicht auf den Konsum produziert. Man hat kein Interesse am konkreten Produkt. „Man stapelt in den Lagerhäusern und durch die Geldmärkte alles zusammen, was produziert wird, und dann wartet man, wie viel gekauft wird. Diese Tendenz wird immer grösser werden, bis sie sich .. in sich selber vernichten wird." Es entsteht durch diese Art von Produktion „dasselbe, was im Organismus entsteht, wenn so ein Karzinom entsteht." *(153, 174)* Sobald im Wirtschaftsorganismus die Möglichkeit besteht, „arbeitsloses Einkommen zu erzielen", führt das zu einer Geschwürbildung. *(24, 216)*

Kommunismus: (>Sozialismus, >Verstand und Emotion, >Soziale Intelligenz) Die juristisch-staatliche Denkweise hat „ihren Gipfelpunkt im Marxismus gefunden". Sie will „das Allgemein-Abstrakte wie ein allgemeines Kleid überall draufsetzen." *(305, 193f)* Der Mensch steht mit seiner Ideologie ohnmächtig da. *(338, 191f)* Der Staat ist im Marxismus der Grosskapitalist. *(189, 21.2.19)* Er wird keine Antriebe erzeugen für Arbeitsfähigkeit und

Arbeitswillen. *(24, 52)* „Unter dem Kommunismus wird es das nicht geben, was heute der Besitzlose durch den Besitzenden erfährt. Da wird es geben Stellenjägerei, um dasjenige zu erreichen, was man heute durch kapitalistischen Profit erjagt. Da wird es geben ein ungeheures Spitzeltum, Spionentum." *(330, 52f)* - Karl Marx war „eben der grosse Sozialkritiker .. der jedoch immer da im Stiche lässt, wo hingewiesen werden soll auf das, was eigentlich zu geschehen hat.." *(330, 45)* Im Leninismus arbeitet sich „die Klugheit des menschlichen Tieres" an die Oberfläche, „sodass die menschliche Gesellschaft über die ganze Erde hin sich verwandeln würde in eine Tierherde, die nur raffiniert denken kann." *(197, 60)*

Konkurrenz: „Dass soviel an unnötiger Arbeit geleistet wird, das ist dasjenige, was unser Wirtschaftsleben zugrunde richtet, weil eben nicht der Sinn dafür vorhanden ist, rationell durch Assoziationen zusammen zu arbeiten .. wenn man wirklich auf dem Wege der Zusammenschließung der Branchen den Preis bestimmen kann, da hört die Konkurrenz nämlich auf." Weil man, wenn „man nicht zu konkurrieren braucht auf dem freien Markt, es nicht mehr nötig hat, den Preis zu unterbieten und dergleichen." *(337b, 232f)* Die Konkurrenz, der Kampf, gehört ins Geistesleben. *(190, 24)*

Konsum: (>Produktion) Es ist ungesund, wenn durch eine Steigerung der Produktion auch die Bedürfnisse steigen. *(331, 85)* Das Bedürfnis muss sich durch einen Kulturprozess entwickeln, durch Sachreklame, nicht von der Wirtschaft her durch Suggestivreklame. *(Molt,*

238) „Irgendwo diktatorisch den Konsum zu regeln, geht nicht an." Aber „Wenn ein solches neues volkswirtschaftliches Denken Platz greift, dass unnötige Arbeit verschwinden muss, dann werden auch solche unnötigen Gelüste verschwinden, .. es wird das Geld für sie nicht mehr da sein." *(337a, 286f)* Man muss erfassen, ob die Bedürfnisse ohne Schaden und ohne Ausnutzung von Menschen berücksichtigt werden können. *(332a, 102)* Die Assoziationen müssen nicht abstrakt mit den Konsumenten verhandeln, denn „der Konsument ist ja ein Produzent für einen anderen Artikel, wenn er nicht gerade ein Rentier oder ein Faulenzer ist." *(337b, 212)* Sachverständige des Konsums, müssen über ein bestimmtes Territorium hin, indem sie mit den Konsumenten bekannt werden, die Summe der Bedürfnisse menschlich kennen und dann wieder darüber verhandeln können, wie viele Leute zur Produktion eines Artikels notwendig sind. *(338, 167)* - Reine Konsumenten sind die freien Geistesarbeiter, aber auch Kinder, alte Leute, Pensionäre usw. *(340, 88)*

Kredit: (>Geld, Leihgeld, >Zins, >Vertrauen) Kapital ansammeln, d.h. Sparen heisst, mit dem in einem gewissen Zeitpunkt Gewirtschafteten eine Grundlage für das Wirtschaften der Zukunft schaffen. *(332a, 208)* Derjenige, der „sein Kapital in Geldkapital verwandeln kann, der wird zum Leiher für einen, der nichts anderes hat als Geist." *(340, 58)* Das Kreditwesen braucht sachkundige und fachtüchtige Persönlichkeiten. „Vertrauen haben zu Personen oder Personengruppen ist Kreditfähigkeit." *(336, 330)* Es ist „eines der gesündesten Verhältnisse“, wenn der Produzent als geistiger Schöpfer volkswirtschaftlich Schuldner ist. Dann kommt es darauf an, was von ihm ausgeht. *(340, 60f)* - Bei sinkendem Zins kann sich der Produzierende leichter rühren. Personalkredit verbilligt die Waren. Heute stecken wir noch in der Geldwirtschaft. Da verteuert der Realkredit bei sinkendem Zins Grund und Boden und dadurch den volkswirtschaftlichen Prozess. *(340, 72f)* Wir sind von der Naturalwirtschaft in die Geldwirtschaft übergegangen und werden in die Kreditwirtschaft übergehen. *(332a, 25f)*

Krieg und Friede: (>Macht, >Materialismus) Kriege für den definitiven Frieden, für das jeweilige Paradies, das sich Liberalismus, Sozialismus usw. vorstellen; ein illusionäres Ideal. Denn die physische Welt „besteht in fortwährendem Oszillieren“; Tugend und Laster gehen auseinander hervor in der sozialen Ordnung. *(176, 358f)* Eine Ursache für Krieg ist, „dass die Staaten gegeneinander getrieben werden konnten durch die wirtschaftlichen Kreise, die sich der politischen Körperschaften einfach bemächtigt hatten für ihre Interessen!“ *(336, 62)* Durch die Kriegswirtschaft wird der Kapitalismus zur höchsten Blüte erhoben. *(331, 93f)* Krieg ist eine Maske für den Kampf zwischen imperialistischem Unternehmertum und Millionen-Proletariat *(185a, 133)*, also eine Folge falscher Güterverteilung. In der hebräischen Zeit wurden die Güter nach bestimmter Zeit neu verteilt. Das Kapital muss „an die Sozietät zurückfallen.“ *(189, 145)* Zum Kriegführen und zu Revolutionen braucht man keine Ideen. Um Frieden zu halten, braucht man Ideen. *(185a,*

212) Krieg und äusserer Kampf sind eine Verdrängung des anstehenden inneren Kampfes zwischen Weisheit und Liebe. *(186, 280)* Die Brüderlichkeit kann durch den im Innern aufgegangenen Geist herbeigeführt werden, wodurch Friede ist zwischen Mensch und Mensch. *(103, 178)* - Die Abrüstungsidee ist als solche unfruchtbar. Man muss konkret sehen, wer abrüsten kann, ohne gefährdet zu sein. *(173b, 214f)*

Kunst und Kultur: (>Fähigkeiten vertrauen) Wer nicht gelernt hat, durch die Schönheit sich die Wahrheit zu erobern, wird niemals ein Vollmenschliches in sich aufnehmen, das ihn wappnet gegenüber den Anforderungen des Lebens. *(217, 130)* „Heute sind wir darauf angewiesen, nachdem die Natur, die die Gaben Gottes gibt, sich zum großen Teil umgewandelt hat in die Welt der Produktionsmittel, die vom Menschen in abstrakter Weise als eine zweite Natur geschaffen worden ist, heute brauchen wir zu den Produktionsmitteln die Welt der freien Geistigkeit, die uns einen Inhalt gibt.“ *(305, 215f)* Kultur ernährt den sozialen Organismus. *(192, 50)* Echtes Leben gestaltet sich naturgemäss künstlerisch. Die Naturwissenschaft geht ins Tote. „Wir haben eine unnötige Luxuskunst neben einer barbarischen Gestaltung unserer Lebensumgebung.“ *(192, 138)* Auf dem Boden der Kunst werden sich die gewaltigsten Kämpfe in der Gegenwart abspielen müssen. *(192, 271)* Nicht auf allen Gebieten sollte die Arbeitsteilung durchgeführt werden; aus Geschmacksgründen. Z.B. kommt bei Kleidung das freie Geistesleben dazu. Einzelne Dinge würden teurer, die man nicht in die Arbeitsteilung einbezieht. *(341, 49)*

Wenn das Geistesleben befreit ist, werden durch die Assoziationen „die Dinge leben“; durch Menschen, die durch sich selber eine gewisse Geltung im Leben haben. „Es wird sich das ergeben, was jetzt in Karikatur vorhanden ist als sogenannte öffentliche Meinung.“ Der Künstler wird „im Sinne der wirtschaftlichen Urzelle für sein Kunstwerk entschädigt werden“ können. Das geht wegen unnatürlicher Preise heute nicht. *(337b, 101)*

Landwirtschaft und Industrie: (>Geldschöpfung, >Preis, richtiger, >Wirtschaftliche Urzelle) Agrarische und industrielle Produktionsmittel stehen polar zueinander. *(332a, 179)* Produktiv ist Grund und Boden. Geistige Tätigkeit und Industrie und mit ihr Energie und Rohstoffe sind immer darauf angewiesen, von all dem zu leben, was durch Grund und Boden hervorgebracht wird. Geistige Tätigkeit „ist entwertend in dem Sinn, dass sie das, was auf der einen Seite an Werten gebildet wird, wieder aufhebt.“ *(341, 62)* „Nur so lange ist Fortschritt möglich auf einem bestimmten Gebiete, als diese Grenze, die durch die Kompensation gegeben ist, noch nicht erreicht ist.“ *(340, 195f)* Durch die Preislage des Industrieproduktes gegenüber der Landwirtschaft wurde das Geld, das nun seine Selbständigkeit erhielt, zu billig. *(337b, 227)* Auf der anderen Seite lebt der Landwirt als Selbstversorger teurer. Die Preise müssen sich nach dieser Seite erhöhen. *(340, 101)* „Und daher ist die allerwichtigste Frage in Bezug auf Preisbildung: Wie gelangen wir dahin, die Spannung auszugleichen, die besteht in der Preiserzeugung zwischen der Bewertung der aus freiem menschlichem Willen entstehenden Güter gegenüber denjenigen Gütern, zu denen die Natur mitwirkt." *(340, 102f)* Die Lösung wäre eine Assoziierung von Industriebetrieben mit Landwirtschaftsbetrieben, die sich gegenseitig versorgen könnten. Dadurch würden richtige Preise entstehen. *(337b, 222f)* Wenn bei assoziativem Wirtschaften „wenigstens annähernd so viele Arbeiter in einer Branche arbeiten würden, als es die Preise erlauben, dann würden wir eine ganz andere Verteilung von Stadt und Land haben." *(341, 45)* Häuser werden da gebaut, wo die Menschen arbeiten. *(337a, 226)* In der assoziativen Wirtschaft würde sich in den Städten Rechts- und Geistesleben zentral befinden, in den Dörfern mehr Wirtschaftsleben und Rechtsleben. *(341, 46)* Die Landwirtschaft braucht einen „gewissen Zusammenhang zwischen dem Menschen und der ganzen Produktion." „Da, wo diese Gleichgültigkeit eingetreten ist, wo die Landwirtschaft, ich möchte sagen angesteckt worden ist von der industriellen Denkweise, da verkümmert sie eben." *(337b, 224f)*

Leben: (>Tod) „Das Leben kann nur existieren, wenn Gegensätze da sind, die miteinander spielen." *(340, 13f)* „Und wer diesem Leben gemäss denkt, der muss Einrichtungen verwirklichen wollen, deren Lebenswidersprüche durch andere Einrichtungen ausgeglichen werden." Es gibt keine „ideal guten", widerspruchslosen Einrichtungen. *(23, 123)* Im Leben wird der Todesprozess der Gehirn- und Nervenorganisation fortwährend ausgeglichen durch die belebenden Kräfte aus der Blut- und Herzorganisation. *(344, 261)* Der Wirtschaftskreislauf wird dann am lebenskräftigsten sein, wenn ihm auf seinem eigenen Gebiete die Tendenz zum Antisozialen nicht genommen wird; dafür ihm aber fortdauernd aus einem anderen Gebiete, dem Geistesleben, Kräfte zugeführt werden, welche das entstehende Antisoziale wieder zum Sozialen zurückbringen. *(24, 73)* „Lebenspraxis kann nicht bloss die Rechnung machen mit äusseren Einrichtungen; sie muss in die Rechnung einstellen, was der Mensch ist und werden kann." *(24, 52)*

Leistung und Gegenleistung: (>Brüderlichkeit, >Wirtschaftliche Urzelle, >Wirtschaft, Vertragsprinzip) Es wird niemals „davon gesprochen, dass der Grundsatz, dass der Leistung eine Gegenleistung entsprechen muss, auf strengen Prinzipien der Wirklichkeit beruht. Dieser Grundsatz läuft ja darauf hinaus, dass jeder dasjenige für seine Leistung bekommt, womit er seine Bedürfnisse befriedigen kann, bis er eine neue Leistung erbracht hat." *(331, 174)* Der Mensch hat sich einen Wert zu erarbeiten, „durch den er Leistungen vollbringt für den Menschen, und er hat zu gleicher Zeit zu entwickeln eine Empfänglichkeit, solchen Menschenwert anzuerkennen. .. Alle Sittlichkeit muss auf Vertrauen aufgebaut werden." *(196, 47)* „Erst, wenn man sich verpflichtet fühlt, das Quantum von Arbeit, das für einen geleistet wird, auch wieder zurück zu arbeiten in irgendeiner Form, hat man Interesse für seine Mitmenschen." *(186, 46)* „Man kann es besser finden, wenn alle Produktion und Konsumtion von aussen her „gerecht" geregelt wird. Aber diese organisatorische Regelung unterbindet die freie Schaffenskraft des Einzelnen. .. Greifen nicht andere als wirtschaftliche Kräfte ein, dann wird der Besitzende dem Besitzlosen die Leistung notwendig mit der Gegenleistung ausgleichen müssen." *(23, 18)* Es muss um das reine gegenseitige Warenverhältnis gehen, unverfälscht durch Vorrechte aus dem Kapital- und Lohnverhältnis. *(337a, 51)*

Leistungen, geistige: (>Schenken, >Einkommen) Nicht allein derjenige, der die Steine aufeinanderlegt, hat den Gotthardtunnel gebaut, sondern Leibnitz oder Newton haben mitgebaut. „Schalten Sie die geistigen individuellen Fähigkeiten aus, so vernichten Sie auch das Wirtschaftsleben." *(190, 43)* „Wenn kein Bedürfnis vorhanden wäre nach Kanzelreden und nach Schulunterricht, so würden auch die Pfarrer und die Lehrer eben körperlich arbeiten müssen." Die Bewertung ihrer geistigen Leistungen entsteht, wenn man darauf sieht, wie viel körperliche Arbeit ihnen erspart, das heisst von anderen geleistet werden muss. *(340, 189f)* - „Was ein Lehrer an seinen Schülern leistet, ist für den Wirtschaftskreislauf Ware", ebenso die Leistungen des Staates. *(23, 130)*

Liebe: (>Blut und Geist, >Vertrauen, >Weisheit - Liebe) „Die Liebe musste in der niedersten Form als geschlechtliche Liebe angelegt werden. Alle niedere Liebe ist Schulung für die höhere Liebe." *(102, 106)* Die Liebe ist der Trieb, welcher die Wesen aus freiem Willen zueinander führt. „Nur ein Wesen, das selbständig ist, das losgeschnürt ist von dem anderen Wesen, kann dieses lieben. Dazu musste der Mensch zu einem Ich-Wesen werden." *(103, 49)* „Liebe muss im Verhältnis zur Aussenwelt sich zunächst entfalten, sonst wird sie Selbstliebe." *(26, 185)*

Macht: (>Recht als Gewalt, >Vertrauen) Die Kirche hat sich des Staates bedient. Dann war es dem Schulwesen lieber, dass der Staat hinter ihm steht. Zuletzt kam die Wirtschaft, die auch etwas abhaben wollte von der Macht des Staates. Die Zukunft muss anstreben, „dass die Staatsmacht kein Sammelbecken ist für alles, was unterkriechen will" unter diese Macht, sondern dass sie auf demokratischen Boden gestellt werde. *(330, 327)* Es ist notwendig, nicht nach Macht zu rufen, sondern nach Geist; denn es ist „..gleichgültig, ob sie losgelassen werden als Diebe und Strassenräuber oder ob sie losgelassen werden als Beamte und Minister, die auch aus diesen Instinkten heraus nach Macht lechzen." *(337b, 117)* „Die Macht kann heute in nichts anderem bestehen, als dass alle das Gleiche wollen und es durch einzelne ausführen lassen ... Das ist eben der Weg zur Macht, aus dem Vertrauen heraus eine Vertretung zu finden." *(331, 105f)*

Markt: (>Preis, Angebot, Nachfrage, >Konkurrenz) Der Markt ist Lebenselement in der Arbeitsteilung. *(23, 71)* Der heutige Markt ist „anarchisch": „Auf dem Markt erscheint das Kapital, das heute von Hand zu Hand geht, von Gesellschaft zu Gesellschaft. Unter dem Prinzip von Angebot und Nachfrage wirkt menschliche Arbeitskraft, die im Lohnverhältnis steht, und zirkulieren eigentliche Güter, Leistungen der Menschen." *(330, 234f)* Die „gewöhnliche, blödsinnige" Marktwirtschaft kümmert sich nicht um die Assoziation zwischen Produktion und Konsum, sondern schafft unnötige Arbeit usw.. *(337b, 235)* „Der Markt regelt die gegenseitigen Werte der Waren, und das ist das Einzige, was an Werten in dem

Wirtschaftsleben künftig da sein soll. .. Das wird nur erreicht werden können, wenn .. die Märkte verwandelt werden in Assoziationen.“ *(330, 180f)*

Materialismus: (>Geist und Sinneswelt) „Der Mensch musste, weil er selbstbewusst werden sollte seit der Mitte des fünfzehnten Jahrhunderts, mehr oder weniger auf Verstandes- und auch auf praktischen Gebieten eine Art Materialismus entwickeln.“ *(336, 273)* „Der Materialismus kann niemals eine befriedigende Welterklärung liefern. Denn jeder Versuch einer Erklärung muss damit beginnen, dass man sich Gedanken über die Welterscheinungen bildet.“ Wenn der Materialist das Denken der Materie zuschreibt, verlagert er nur das Problem und übersieht das Subjekt. *(4, 30f)* Es geht nicht darum, den Materialismus logisch widerlegen zu wollen, sondern Taten zu verrichten, „Gedanken zu hegen und zu pflegen, die nachgedacht sind übersinnlichen Ergebnissen“, wodurch die Menschen das Materiellwerden überwinden können. *(199, 38)* „Verkehrtes, oberflächliches Denken“ führt zu Elend und Krieg; das ist das „Karma des Materialismus.“ *(176, 345f)*

Mensch: (>Geist, Seele, Leib, >Seele) „Wenn wir unser ganzes Wesen in der Tat zur Offenbarung bringen könnten, es wäre mikroskopisch die ganze Welt.“ *(193, 10)* Der Mensch lebt als einzelner mittels seiner oberen Fähigkeiten; seinem Erkennen, in der geistigen Welt. Und er lebt assoziiert mit anderen mittels seiner unteren Fähigkeiten; seinem Begehren, in der sozialen Welt. *(196, 211)* Es gibt also für die Dreigliederung drei Vorbedingungen: Durch die Stellung des Menschen zur Welt, zu anderen Menschen und zur Geistigkeit. *(188, 243)* „Die Natur macht aus dem Menschen bloss ein Naturwesen; die Gesellschaft ein gesetzmässig handelndes; ein freies Wesen kann er nur selbst aus sich machen.“ *(4, 168)* Wenn er etwas beitragen will zu gemeinschaftlicher Wert- und Gütererzeugung, so braucht er erstens individuelle Begabung und Tüchtigkeit, zweitens muss er mit seinen Mitmenschen in Frieden auskommen und drittens muss er einen Platz für seine Arbeit finden. *(332a, 21)*

Mensch; Mann und Frau: Die Menschenseele baut sich den Körper, wie sich aus zwei Polen der Magnet aufbaut. Der Ätherleib des Mannes stellt sich mit weiblichen Eigenschaften dar, und der Ätherleib der Frau mit männlichen Eigenschaften. Erst wer mit einer äußeren Männlichkeit im Inneren einen weiblichen schönen Charakter verbinden kann, ist ein vollständiger Mensch. *(54, 127)* Aus der Frauenbewegung wird erst dann etwas, wenn die Frauen ihr besonderes Element einbringen, grosse Zusammenhänge zu übersehen. In den Männergehirnen sind die unbeweglichen, starren Gedanken entstanden, weil sie eingeschnürt sind in die spanischen Stiefel der verschiedenen Fakultäten. *(336, 338)*

Mensch, moderner: (>Glück) „Die grösste Sehnsucht des modernen Menschen besteht eigentlich darinnen, nur so durch die Welt zu gehen, dass er auf der rechten Seite einen Polizeisoldaten und auf der linken Seite einen Arzt hat.“ *(337b, 229)* „Wenn das äußere Leben immer angenehmer, immer gesünder würde“, würde es zu einer „Verödung der Seelen" kommen. *(120, 175)* „Wenn die Menschen weiter nur so nachdenken würden, wie sie über die maschinenhafte Astronomie und über den Industrialismus, indem sie in ihm arbeiten, nachdenken, würden die Geister mechanisiert werden, die Seelen, sie würden schläfrig, vegetarisiert werden, und die Leiber animalisiert." *(296, 14f)*

Menschenwürde: „Der Mensch arbeitet, wenn in seiner Seele der Gedanke keimt, der ihn zur Arbeit treibt. Soll er im Zusammenhang des sozialen Lebens arbeiten, so empfindet er sein Dasein nur als menschenwürdig, wenn in diesem Leben Gedanken walten, die ihm sein Mitarbeiten im Lichte dieser Menschenwürde erscheinen lassen." *(24, 119)*

Menschheit: „Man hat in der Menschheitsentwickelung nicht das Recht, sich als Individualität zu fühlen, wenn man sich nicht zu gleicher Zeit als Angehöriger der ganzen Menschheit fühlt." *(305, 228)* Die nächsten Schicksale der Menschheit werden in einem höheren Grade „die Menschen zu einer gemeinsamen Menschheitsmission zusammenführen .. . Zu dieser gemeinsamen Mission werden aber die einzelnen Volksangehörigen nur dann ihren entsprechenden freien, konkreten Beitrag liefern können, wenn sie vor allen Dingen ein Verständnis haben für ihr Volkstum." *(121, 9)*

Mitteleuropa: (>Osten, >Westen, >Staat, Überstaaten) „Der Mensch der Mitte ist eben eingeklemmt zwischen Osten und Westen." *(197, 158)* Wir sind berufen, „den

Brennstoff des Westens zu entzünden durch das Licht des Ostens." *(330, 292)* „Wenn man in Mitteleuropa die Notwendigkeit der Emanzipation des Geisteslebens, insbesondere des Schul- und Unterrichtswesens, nicht verstehen will, dann wird ein sehr schlimmer Geiste-skrieg kommen zwischen Orient und Okzident." *(192, 200f)* Die Völker Mitteleuropas und des Ostens „können nichts Schlimmeres tun, als die Kultur des Westens nachzuahmen." *(192, 232f)* Die Mittelländer behindern das Entwickeln ihrer Fähigkeiten durch Antipathie gegenüber dem Westen. *(186, 77)* Wenn Europa sich zu Amerika nicht in ein rechtes Verhältnis setzt, wird es ihm gehen, wie Griechenland mit Rom, es wird amerikanisiert. *(178, 70)* „Vor allem sind wir darauf angewiesen, mit dem Osten eine Brüderlichkeit, eine wirtschaftliche Brüderlichkeit zu entwickeln.." *(331, 246)* Vom Westen hat Mitteleuropa zu lernen, dass Staat und Wirtschaft zu trennen sind, vom Osten hat es zu lernen die Sonderung des Geisteslebens vom Staatsleben. *(330, 137f)*

Moralische Intuition: (>Individualität und Gesamtheit) „Darwinisten behaupten, dass die menschliche Moral nur eine Entwicklung der sozialen Triebe bei den Tieren ist." Aber diese werden gerade beim Menschen zu antisozialen Trieben. *(186, 114)* Moralische Entwicklung ist immer etwas Asketisches, ein Üben in der Bekämpfung des Animalischen. *(293, 79)* Die „moralische Intuition", wo uns „die Tat, die geschehen soll, vor Augen steht", ist der tiefste soziale Impuls. *(217, 85)*

Motivierung: (>Denken, reines, >Unternehmer und Arbeiter, >Arbeit im Rechtsleben) „Die alte Hingabe, das unmittelbare Beisammensein mit dem hervorgebrachten Objekte, das ist nicht mehr.." Aber hätten wir die Arbeitsteilung nicht, hätten wir keinen Fortschritt. *(332a, 92f)* Wenn man den jetzigen Antrieb des egoistischen Gewinnes beseitigen will, muss man einen neuen Arbeitsantrieb schaffen. Ein großer Teil der Menschheit „möchte aus Antrieben heraus arbeiten, welche der Würde des Menschen mehr entsprechen." *(24, 49)* „Denken Sie daran, wozu der Mensch imstande ist, wenn er aus Liebe zu anderen Menschen etwas tut. Da braucht es keine Liebe zum Produkt der Arbeit, da braucht es ein Band zwischen Mensch und Mensch. Die Liebe zum Produkt können Sie bei der Menschheit nicht zurückbringen, denn die war an primitive, einfache Verhältnisse gebunden." *(56, 246f)* Übersinnliche Erkenntnisse und religiöse Ideale sind willensmotivierend. Was durch die Vorstellung nur aus dem Sinnlichen gewonnen wird, kann niemals sozial oder sittlich motivierend sein, weil es unwirksam bleibt für den Willen. *(77, 184)*

Nationalismus: (>Gruppenurteil, >Volk) Solange Volks- Rechts- und Wirtschaftsgemeinschaft im Einheitsstaat zusammen sind, gilt: „Richten Sie noch mehr nationale Reiche auf innerhalb der modernen Zivilisation, so liefern Sie noch mehr Zerstörungskeime." *(200, 131)* Die materialistische Entwicklung macht ideenarm. Die Impulse des Geisteslebens müssen dann „aus dem Geiste des Blutes" kommen. *(173b, 210f)* In der Dreigliederung verwalten sich individuelle, „sich in den Volkstümern auslebenden geistige Kulturinteressen" relativ unabhängig von Rechts- und Wirtschaftsinteressen und bilden aus ihren Verwaltungen heraus internationale Beziehungen. *(24, 24)*

Natur und Unternatur: „Natur ist nicht geistlos." Natur ist schlafender Geist. *(26, 75)* Was heute durch die Technik in der Kultur wirkt und in das der Mensch mit seinem Leben im höchsten Grade versponnen ist, das ist nicht Natur, sondern Unter-Natur. „Es ist eine Welt, die sich nach unten hin von der Natur emanzipiert. .. Die Unter-Natur muss als solche begriffen werden. Sie kann es nur, wenn der Mensch in der geistigen Erkenntnis mindestens gerade so weit hinaufsteigt zur ausserirdischen Über-Natur, wie er in der Technik in die Unter-Natur heruntergestiegen ist." *(26, 322)* „Dass die moralische Weltenordnung in der Gegenwart die Keimkraft künftiger Naturordnung ist, das ist der realste Gedanke, den es geben kann." *(175, 88)*

Naturwissenschaft: (>Industrialismus, >Sozialwissenschaft) Die naturwissenschaftliche Methode „mit ihrer Strenge und Genauigkeit ist eine wunderbare pädagogische Massnahme für die Entwicklung des freien Willens." *(254, 228)* Die Klarheit, die wir uns errungen haben an der äußeren Natur, können wir nicht in unserer Selbstanschauung entfalten. Denn die modernere Naturwissenschaft steht vor zwei Grenzen: Die Materie wird überall vorausgesetzt, kann aber im Sinnlichen nicht gefunden werden. Auf der anderen Seite steht das

Bewusstsein, „von dem man niemals begreifen kann, wie es aus diesem Sinnlichen entspringt.“ *(322, 14)* Der Mensch hat sich in dieser unpersönlichen Wissenschaft geradezu dazu trainiert, sich gleichgültig zu machen für das Moralische und Soziale. *(77b, 79)*

Organisieren von aussen: Die Dreigliederung meint nicht: „Dies soll so oder so eingerichtet werden. Es wird nur darauf hingedeutet, wie die Menschen sich selbst die Dinge einrichten werden.“ Dem Entstehen von Assoziationen „steht nichts anderes im Wege, als dass der Mensch der Gegenwart das wirtschaftliche Leben von aussen „organisieren“ will“, also im politischen Sinne. *(23, 17f)* „Organisieren tut man da, wo Mechanisches ist; ein Organismus ist eben dazu da, dass man ihn nicht organisieren kann.“ *(336, 468)*

Organismus: (>Leben, >Sozialer Organismus, >Aufbau - Abbau) Eine gesunde organische Wirksamkeit „ergibt sich nur dann, wenn man .., ein System gewissermassen darum, dass es seine in ihm liegenden Kräfte voll ausbildet, in relativer Selbständigkeit sich voll entfalten lässt und dann dasjenige, was sich ergibt, begrenzt, verbessert durch ein danebenliegendes, relativ selbständiges System.“ *(328, 84)* Wenn das Organische einmal besteht, kann es jedoch nicht in gerader Linie fortschreiten und das Geistige aus sich hervorbringen. Es muss zuerst den Boden dafür bereiten, indem es sich in sich abbaut. *(73, 178)*

Osten: (>Mitteleuropa, >Westen) „Das Streben nach Altruismus“ liegt „eigentlich nur in der asiatischen Kultur.“ *(191, 77)* In der chinesischen Weltanschauung herrscht das Prinzip: Der Mensch ist von Natur aus gut. *(138, 97)* „Der Asiate verachtet gründlich das europäische und amerikanische Wesen, weil es ihm überall den Nützlichkeitsstandpunkt entgegenbringt.“ *(191, 252f)* „Die Spiritualität des Ostens soll in das Chaos des Westens einen Mittelpunkt bringen.“ *(93a, 30)* - „Der Osten, der einstmals eine hohe Geisteskultur hatte, ist in der Dekadenz.“ *(197, 158)* Das Geistesleben ist mit dem Staat verflochten. *(330, 138)* „Der Orient .. nimmt einfach vom Westen herüber das Wirtschaftsleben und impft sich etwas vollständig Fremdes ein.“ *(199, 127)* Wenn kein geisteswissenschaftlicher Einschlag die Welt durchsetzt, wird der Osten zu einem Gebiet, in dem die Leute arbeiten und der Westen wirtschaftet damit. *(191, 250f)* Heute ist die östliche Seelenverfassung „überschüttet“ durch den Bolschewismus des Westens, „und der Westen wird es zu erleben haben, .. dass ihm in einer gar nicht zu fernen Zeit von dem Osten dasjenige entgegenkommt, was er selber dorthin abgeschoben hat.“ *(199, 114)* „Es breitet sich über die Welt eine Welle aus, die durchaus nach dem Zwangsstaate hingeht.“ Die abendländische Zivilisation setzt sich der Gefahr aus, einmal von einer asiatischen Kultur, „die dann etwas Spirituelles hat, einfach überflutet zu werden.“ *(303, 329)* - Russland ist „heute“ noch durchaus eine orientalisch-moralische Macht, überlagert von Zarismus und Leninismus.Trotz der Dekadenz des Geisteslebens im Orient sind in den russischen Seelen Zukunftskräfte. *(338, 42f)*

„Philosophie der Freiheit“ und „Kernpunkte...“: Der Mensch will heute eine freie Individualität sein. Die Kämpfe der Gegenwart kann man verstehen als „ein Aufbäumen des Menschen gegen das, was die Menschheit umspinnen will wie ein aussermenschlich Objektives, wie ein soziales Irrenhaus.“ Weil es der Mensch ist, auf den es ankommt, wurde in der „Philosophie der Freiheit“ darzustellen versucht „eine Grundlegung des Subjektiven im Menschen für ein heutiges, der heutigen geschichtlichen Menschheitsperiode angepasstes soziales Zusammenleben, was dann wiederum in meinen „Kernpunkten der sozialen Frage“ darzustellen versucht worden ist, nicht als Utopie, sondern aus empirischer Lebensbeobachtung, aber einer solchen, die vom Geiste getragen ist.“ *(77a, 155f)*

Politik: (>Einheitsstaat, >Macht, >Rechtsstaat) Was der Politik zugrunde liegt, sind irgendwelche Parteiprogramme, Systeme, Abstraktionen. Es sind keine Realitäten, sondern Illusionen. *(197, 121)* Wenn alles in das politische Gebiet hineingezogen wird, verschwinden allmählich Sachlichkeit und Vorurteilslosigkeit. Das geistige Leben wird in das Vorurteil eingespannt, im Wirtschaftsleben dominiert die Selbstsucht. *(198, 143)* „Das Politische ist in der Weltgeschichte ein sekundäres Produkt. .. Die Politik ist der ins Geistige übertragene moderne Krieg. Denn dieser Krieg beruht darauf, dass man den Gegner täuscht. Es müsste danach gestrebt werden, dass die Politik in allem überwunden wird, selbst in der Politik.“ Dann hätte man den Rechtsstaat. *(341, 41)* Im Sinne der Dreigliederung wäre: an den Wahlen sich zu beteiligen, ins Parlament eintreten und „Obstruktion treiben" bei allen Fragen, die sich auf Geistesleben und Wirtschaftsleben beziehen. *(337a, 167)*

Preis, Angebot, Nachfrage: (>Wirtschaftliche Urzelle) Wir haben keine realen Begriffe vor uns, wenn wir glauben, der Preis entwickele sich aus dem Wechselverhältnis von Angebot und Nachfrage. Der Begriff von Angebot ebenso wie der von Nachfrage sprengt sich in die Luft. „Angebot in Waren ist Nachfrage in Geld und Angebot in Geld ist Nachfrage in Waren." Das Geldangebot muss aber erst „hinter dem Rücken der Nachfrage im volkswirtschaftlichen Prozess entwickelt werden, genauso wie die Ware entwickelt werden muss, die als Angebot auftritt." *(340, 112f)*

Preis, richtiger: (>Assoziation, Arbeitsweise, >Landwirtschaft und Industrie) „Erst dann, wenn es möglich ist, alles das auszumerzen, was heute da ist und was die Preisbildung verunreinigt, erst dann ist es möglich, eine wirkliche Sozialisierung zu erreichen. Heute kauft man ja nicht bloss Güter, sondern heute kauft man erstens Güter, zweitens Rechte und drittens Arbeit." *(331, 129)* „Jeder Ware entspricht ein bestimmter Preis, denn der Preis einer Ware .. ist nichts anderes als dasjenige, was ihren Wert darstellt im Vergleich zum Wert der anderen Waren, für die man als Mensch Bedürfnis hat. Der Preis drückt ein Verhältnis aus, zum Beispiel das Verhältnis zwischen dem Wert eines Rockes zu einem Laib Brot.." *(337b, 208)* Um Preise beobachten zu können, braucht man, wie beim Thermometer, eine Art

Nullgrad. Dieser mittlere Preis ergibt sich praktisch an der Stelle, wo Zwischenhändler von Zwischenhändler kauft. *(340, 49)*

Preisformel: „Ein richtiger Preis ist dann vorhanden, wenn jemand für ein Erzeugnis, das er verfertigt hat, so viel an Gegenwert bekommt, dass er seine Bedürfnisse .., worin natürlich eingeschlossen sind die Bedürfnisse derjenigen, die zu ihm gehören, befriedigen kann solange, bis er wiederum ein gleiches Produkt verfertigt haben wird. .. Für das Volkswirtschaftliche ist diese Formel wirklich so erschöpfend, wie, sagen wir, der Pythagoräische Lehrsatz erschöpfend ist für alle rechtwinkligen Dreiecke. .. Das Verständnis, wie man in diese Formel den ganzen volkswirtschaftlichen Prozess hineinbringt, das ist eben Volkswirtschaftswissenschaft." *(340, 82)*

Presse: (>Sozialisierung und Gedankenfreiheit, >Gruppenurteil) Journalisten „vertreten die Intelligenz gewisser Kreise, .. die so objektiv wuchert und deren Sprachrohr sie nur sind. .. Die Menschen müssen sich bestreben, gegen die Zukunft hin ihren Verstand .. nicht unbewacht zu lassen." *(254, 175f)* Gerade beim Zeitungsgewerbe darf nicht „zum Unheile der Menschheit" die Wirtschaft, das Recht und das Geistige ineinander spielen, sonst machen die Grossindustriellen und die Kapitalisten zusammen eine Zeitung und „kämpfen gegen die Sozialisierung der Produktionsmittel." Der Verleger bzw. Drucker steht im Wirtschaftsleben und der Redakteur im Geistesleben. Beide schliessen einen

Vertrag, der wiederum den Gesetzen des Rechtsstaates entspricht. *(337a, 69f)*

Produktion: (>Unternehmer, >Konsum, >Karzinom) „Heute denkt man von der Produktion her. Umgedacht muss werden." *(186, 235)* Es ist „eine Herrschaft des Produktes über die produzierenden Menschen eingetreten." *(337a, 144f)* Aus blosser menschlicher Vorliebe heraus sollte nicht einmal Wahrheit produziert werden. Ein Buch soll nur erscheinen, wenn man sicher ist, dass es Abnehmer findet. *(330, 38)* Unnötige Menschenarbeit muss vermieden werden. *(341, 41)* Man kann aber nicht nur nach einem vorhandenen Bedarf die Produktion regeln, sondern man muss der Produktion Initiative geben, sonst bringt man den Bedarf zur Stagnation. *(188, 243)* Menschen, die einen Artikel zu billig erzeugen, „wird man sagen müssen; dieser Betrieb ist unnötig, er muss daher stillgelegt werden. Ihr müsst euch einem anderen Betriebe zuwenden, damit immer nur so viel in einem geschlossenen Wirtschaftsgebiete erzeugt wird, dass kein Artikel zu teuer oder zu billig ist!" *(330, 283)*

Produktion und Konsumtion: Produktion und Konsumtion sind entgegengesetzte Pole. Hier entstehen Werte, dort werden sie aufgebraucht, wie im Organismus. *(340, 69)* Es wird „nicht der Impuls ausschlaggebend sein, welcher durch die blosse Menge der Produktion Reichtum ansammeln will, sondern es wird durch die entstehenden und sich in der mannigfaltigsten Art verbindenden Genossenschaften die Gütererzeugung sich den Bedürfnissen anpassen." *(23, 131)* Von Seiten der

Produktion wird durch die immer komplizierter werdenden technischen Möglichkeiten und Notwendigkeiten das persönliche Können gewissermassen absorbiert durch den Kollektivismus. „In der Konsumtion steht der einzelne im Grunde genommen durch Naturnotwendigkeit als Individualität darinnen." Der Abgrund zwischen beiden wurde immer schroffer. *(79, 238f)* „Sie können allein das richtige Verhältnis zwischen Bedarf und Produktion herstellen, wenn Sie den sozialen Organismus dreifach gliedern. Dann ist im lebendigen Zusammenwirken die Regelung von selbst da zwischen Produktion und Bedarf." *(188, 243)*

Produktionsmittel: (>Kapital, Überleitung) Produktionsmittel ist alles das, was mich instandsetzt, meinen Beruf auszuführen. *(337b, 40)* „Bis auf die kompliziertesten geistigen Leistungen geht schliesslich alles auf die Natur, beziehungsweise auf das Arbeiten mit Produktionsmitteln zurück." *(340, 206)* Das fertiggestellte Produktionsmittel „fängt an, mit der Natur ganz gleichgeartet zu sein, weil es keinen Preis mehr haben kann. Es steht genau so in den Wirtschaftsprozessen drin wie die blosse Natur." *(341, 74)*

Produktivität: Die geistigen Arbeiter sind die für die Zukunft produktivsten, auch wenn sie in der Gegenwart konsumieren. *(340, 86f)* „Schalten Sie die geistigen individuellen Fähigkeiten aus, so vernichten Sie auch das Wirtschaftsleben." *(190, 43)* Man hat im Materialismus keinen Sinn für die individuellen Fähigkeiten, die Produktivität des Geistes. Deshalb gibt es auch keine die

Bedürfnisse der Menschheit befriedigende Produktion. *(188, 177)*

Proletarier: (>Arbeit als Ware) Der moderne Proletarier ist „an die Maschine geworfen“, und deshalb „darauf angewiesen, zu fragen: Was bin ich als Mensch wert?“ *(328, 108f)* Er fand „nicht Rechte, sondern Vorrechte.“ *(330, 26f)* Er hat mit dem letzten grossen Vertrauen die neuere materialistische Weltanschauung von dem Bürgertum übernommen. *(330, 116)* Aber ihm fehlten die „alten religiösen, sittlichen und ästhetischen Anschauungen“ des Bürgertums. Aus der seelischen Verödung heraus kam er dazu, „zu verzweifeln an irgend etwas anderem im Leben als höchstens an einer Aufbesserung der äusseren materiellen Verhältnisse.“ *(330, 22f)* „Warten wir es ab, ob nicht gerade die sozialistisch denkenden Menschen die Nächsten sein werden, die sich zuwenden dem eigentlichen Geistesleben.“ (336, 235)

Ratschläge, Gesetze, Verträge: „Das, was sich zum Beispiel auf Erziehung und Unterricht bezieht, kann weder beruhen auf Verträgen noch auf Gesetzen oder Verordnungen, sondern es muss beruhen auf Ratschlägen, die gegeben werden.“ *(331, 167)* „Alles, was im Leben unterliegt den Erkenntnissen, das muss verwaltet werden auf dem freien Boden des geistigen Gliedes. Alles, was im Leben in Gesetze eingespannt werden kann, gehört dem Staate an. All das, was dem verbindlichen Vertrag unterliegt, muss dem Wirtschaftsleben eingefügt werden.“ *(337a, 205)*

Recht: (>Gesetze, >Gleichheit, >Volk und Recht) Das Recht muss sich bilden, wie sich die Sprache gebildet hat. *(336, 142)* Nicht der einzelne Mensch findet das richtige Recht, aber zusammen werden sie es finden. Das macht die Demokratie. *(334, 166)* „Nicht ein Verständnis für irgendeine abstrakte Definition des Rechtes, sondern ein Verständnis für die Wirksamkeit des Rechtes im einzelnen konkreten Fall, das ist es, was behufs eines gesunden sozialen Lebens der Menschheit eintreten muss." *(328, 88)* Vom öffentlichen Recht, das sich auf die Sicherheit und Gleichheit aller Menschen bezieht, müssen Privatrecht und Strafrecht abgetrennt werden. Sie müssen dem Geistesleben zugezählt werden. *(328, 39)* Das Strafrecht, das „wie der Schatten eigentlich unsoziale Zustände begleitet", wird in Zukunft auf ein Minimum reduziert werden müssen. *(332a, 107)* Was der Mensch tut, geht zwei Gebiete an: erstens sein Karma, zweitens das menschliche Zusammenleben, und nur von diesem Gesichtspunkte aus ist die Menschentat zu beurteilen. „Über den Menschen als solchen zu richten, steht der äußeren gesellschaftlichen Ordnung gar nicht zu." *(164, 74)*

Recht als Gewalt: (>Krieg) Wenn das „öffentliche Recht nicht hervorgerufen wird durch das reine Verhältnis von Mensch zu Mensch, .. sondern aus der politischen oder der wirtschaftlichen Gewalt, dann trägt es keinen sozialen Charakter, sondern einen antisozialen Charakter." Die heutigen Rechte „tragen zum grossen Teil diesen antisozialen Charakter, denn sie dienen dazu, Vorteile zu bieten der einen oder anderen Klasse, dem einen oder anderen Beruf und so weiter." *(336, 143f)* Im Kapitalismus kann das Recht gekauft werden und verwandelt sich in eine Gewalt. So entstehen einerseits die Grundrenten und Kapitalerträge, andererseits wird dadurch die Arbeitskraft zur Ware. *(328, 151)*

Rechtsleben: Zunächst hat man es im sozialen Organismus mit der Polarität Geistesleben - Wirtschaftsleben zu tun. „Und auf diesen beiden Gebieten kommt eigentlich das zunächst gar nicht in Frage, was man „Recht" nennt, insofern diese beiden Gebiete ihre Angelegenheiten selbst besorgen. .. Es setzt ja tatsächlich das Recht voraus, dass zuerst ein Organismus vorhanden ist und durch den Organismus lebendige Bewegung und dadurch eine Zirkulation – geradeso, wie es das Herz voraussetzt, dass zunächst andere Organe da sind, damit es funktionieren kann." *(337b, 140f)* „Mit diesem Rhythmus von Recht und Pflicht, da haben wir ein Zweifaches, wie wir im Menschenleben Ausatmung und Einatmung haben." *(337b, 216)* In unserer Epoche sprechen die Menschen lieber von ihren Rechten. In einer späteren Zukunft wird mehr die Pflichtforderung betont werden. Als Liebe zur Pflicht, statt Selbstliebe und Pflichtunterwerfung. *(158, 143)*

Rechtsstaat: (>Demokratie, >Arbeit im Rechtsleben) Der Rechtsstaat ist die Umwandlung und Begrenzung des alten Macht- und Gewaltstaates. In der Dreigliederung ist der eigentliche politische Staat nur ein Glied des dreigeteilten sozialen Organismus. *(189, 54)* Ist durch das Vorhandensein eines besonderen Rechtsbodens das Entstehen von Rechtsvorteilen unmöglich, so geschieht im Fluss der Zeit, was sich sonst als Revolution im Augenblick vollzieht. *(24, 235)* Der Rechtsstaat hat seine eigenen Gesetzgebungs- und Verwaltungskörper und wird auf demokratischen Impulsen gebaut. *(23, 69f)* „Jeder Mensch, der mündig geworden ist, kann teilnehmen – entweder direkt auf dem Wege eines Referendums zum Beispiel oder indirekt durch Wahl bzw. durch eine Volksvertretung – an der Festsetzung derjenigen Rechte, die unter gleichen Menschen zu herrschen haben. Daher herrscht auf dem Rechts- oder Staats- oder politischen Boden nicht der Vertrag, sondern das Gesetz." *(331, 167)* Polizei und Militär, allgemein innere und äussere Sicherheit ist Aufgabe des Rechtsstaates. *(185a, 216)* Ein Rechtsstaat wird „die Folge haben, dass ein jeder Mensch lebendig, mit vollem Bewusstsein, in dem gemeinsamen Arbeitsfelde darinnen steht." *(24, 52)* Durch Gesetze werden Zeit, Mass und Art der Arbeit festgelegt. *(331, 167)* Durch die Abhängigkeit der Arbeit von der Rechtsordnung wird die Wirtschaft abhängig vom Menschen und nicht umgekehrt. *(23, 79)*

Rechtsstaat und Geistesleben: „Mit jedem einzelnen Menschen werden neue Kräfte aus unbekannten Tiefen heraus geboren." Wir haben nicht, „Was durch die geistigen Anlagen in das Leben getragen wird, zu tyrannisieren durch etwa schon bestehende Gesetze oder eine schon bestehende Organisation." *(337a, 203)* „Der Staat wird zu warten haben auf dasjenige, was ihm von diesem freien Geistesleben aus überantwortet wird." *(23, 13)* Der Staat legt die Rechte fest, die Urteilsfindung selbst aber ist „in hohem Masse abhängig von der Möglichkeit, dass der Richtende Sinn und Verständnis habe für die individuelle Lage eines zu Richtenden.“ *(23, 138)* Die Verwaltung des Eigentums so, dass fähige Produzierende darüber verfügen können, muss zwischen Rechtsstaat und geistiger Organisation ermittelt werden. *(23, 111)* Der Staat überlässt es dem einzelnen, sich seine Schule, seine Kirche, seinen Richter zu bestimmen. Letzteres nicht von Fall zu Fall, sondern auf eine gewisse Zeit. *(24, 352)*

Rechtsstaat und Wirtschaft: (>Eigentum im Fluss, >Geld und Staat) Wenn das Recht aus wirtschaftlichen Interessen entsteht, wird es nur eine Karikatur, ein Abdruck der wirtschaftlichen Interessen. *(332a, 90)* „Und wenn der Rechtsstaat in gar keinem Wirtschaftszweige mit wirtschaftet, dann wird er nur Einrichtungen schaffen, die aus dem Rechtsbewusstsein der zu ihm gehörenden Menschen stammen.“ *(23, 74)* - Der Staat sorgt für die rechtzeitige Überleitung des Eigentums. *(23, 112)*. Die Verteilung des Bodens muss demokratisch erfolgen. *(337a, 208)* Um zu verhindern, dass Geld zurückbehalten wird, sorgt der Staat für Massnahmen wie „Umprägung oder Neudruck“. *(23, 132)* Der Rechtsstaat setzt den Zins für Ersparnisse fest. *(23, 115)* In Bezug auf die Höhe von Einkommen der nicht Leistungsfähigen ist das Wirtschaftsleben abhängig von dem, was sich aus dem Rechtsbewusstsein ergibt. *(23, 128)*

Reformer und Programme: Programme sind „billig wie Brombeeren.“ *(332a, 180)* Es geht nicht darum, Dogmen hinzusetzen, die ausgeführt werden sollen, sondern man muss mit den Menschen rechnen, die aus ihrem Zusammenhang das Richtige herausbringen. *(305, 235)* Der grosse Irrtum der Reformer ist, „dass man bloss die wirtschaftlichen Einrichtungen umzugestalten habe, dann ergäbe sich alles übrige von selbst." *(332a, 96)* Statt äussere Institutionen auszudenken, die dann zum Beispiel umverteilen sollen, soll man umdenken: es müssen Assoziationen da sein. *(337a, 215)*

Reinkarnation und Karma: (>Brüderlichkeit, >Freiheit, >Individualität) „Ebenso wenig wie der Mensch am Morgen neu geschaffen ist, ebensowenig ist es der Menschengeist, wenn er seinen irdischen Lebensweg beginnt." *(9, 81f)* Der Mensch ist „für jede neue Inkarnation selbst mitschöpferisch. Was er der Außenwelt als seine Taten eingegraben hat, kommt ihm zurück als sein Schicksal; was er in seinen früheren Leben sich selber eingegraben hat, kommt ihm zurück als seine Fähigkeiten und seine Talente." *(102, 173)* Das Wollen und alles, was wir im sozialen Leben entwickeln, ist der Keim zum nachtodlichen Leben, der „Keim zu dem Karma". *(191, 188)* Wir können „dem Schicksal gegenüber wissen: Da bist du ja selbst drinnen, und wärest du nicht da drinnen, so würdest du nicht geworden sein, was du jetzt bist!" *(64, 204)* Es gibt „nichts, was so sehr feindlich gesinnt ist einer wirklichen Überzeugung von Reinkarnation und Karma als der Grundsatz des Lebens, dass man für dasjenige, was man unmittelbar als Arbeit leistet, einen der Arbeit entsprechenden Lohn, der die Arbeit geradezu bezahlt, einheimsen müsse." *(135, 64f)*

Religion: Religion ist nicht Erkenntnis, sondern Lebenssubstanz. *(254, 231f)* Wo Religion noch sozial dominiert, schadet der Egoismus nicht. Aber er fängt an, eine Rolle zu spielen, sobald sich Recht und Arbeit heraussondern aus den sozialen Impulsen. Das Streben, den Egoismus einzugliedern ins soziale Leben gipfelt in der Demokratie, dem Sinn für Gleichheit der Menschen. *(340, 43)*

Rente, Rentiers: (>Gewinn) „Bei der Rente handelt es sich darum, dass die Welt ohne Rente gar nicht leben kann." Von ihr muss das ganze geistige Leben, Erziehung, Unterricht und auch die nicht arbeitsfähigen, kranken und alten Menschen erhalten werden. *(185a, 59)* Aber: „Was heute herausbezahlt, herausgeholt wird aus den Produktionsmitteln, was die Leute … ihr Kapital oder ihre Rente nennen, das ist absolut unnötig." *(330, 177)* „Nicht darauf kommt es an, … die Rentiers unbedingt moralisch zu verurteilen – sie können ja nichts dafür," sondern es „zeigt sich das Ungesunde des sozialen Organismus, wenn in ihm überhaupt Müssiggang oder Rente möglich ist." *(330, 84)*

Schenken: (>Kapital, Überleitung) Schenkungen sind „das Fruchtbarste innerhalb des volkswirtschaftlichen Prozesses." Es muss erstens die Möglichkeit da sein, „dass die Leute zum Schenken etwas haben, und zweitens den guten Willen haben, dieses zu Schenkende auch in vernünftiger Weise zu schenken. .. Geschenkt wird, was verfügbar aus dem volkswirtschaftlichen Prozess hervorgeht und den volkswirtschaftlichen Prozess schädigen würde, wenn es sich auf Grund und Boden stauen würde". *(340, 129f)* „Wenn Sie direkt schenken, ist Ihre Vernunft drinnen. Jetzt schenken Sie auch, nur wird es in die Steuer und so weiter hinein gemacht." *(340, 181)* Wenn man aber sein ererbtes Geld schenkt, lässt man dann für den Beschenkten so und so viele Leute arbeiten. „Dadurch, dass es eine Anweisung auf Arbeitskraft ist, ist es ein Machtmittel." *(186, 53)*

Schöpfer und Geschöpfe: Das ist das Geheimnis des Werdens der Welt: dass alle Wesenheiten aufsteigen von Wesen, die empfangen, zu Wesen, die produzieren und schaffen. Schöpfer-Werden ist das Ziel der Wesen. *(98, 194)* „In der nächsten Zukunft werden die Götter nur dasjenige mit den Menschen vorhaben, zu dem der Mensch selbst etwas tut. Der Mensch muss durchgehen durch innere Seelenkämpfe, die ihn stark machen." *(186, 279)* Der Intellekt ermöglicht Freiheit; seinen Schöpfungen gegenüber ist man nicht frei. Maschinen sind Träger von Dämonen. *(200, 92)*

Schulden nachlassen: (>Geld, Alterung, >Krieg) Das Jubeljahr im alten Testament „ist etwas ganz Ähnliches wie das Altwerden des Geldes: das Nachlassen sämtlicher Schulden. Mit einem radikalen Nachlassen aller Schulden fallen auch alle volkswirtschaftlich schädlichen Vermögen beziehungsweise Kapitalien weg. Es ist immerhin .. alle siebzig Jahre." *(341, 77)* Wenn der Staat einfach neue Emissionen ausgibt, bewegt man sich jenseits der wirklichen Wirtschaft. „Die wirkliche Wirtschaft muss erarbeitet werden.“ *(334, 217)* Die Leute bezahlen heute noch die Schulden, die Napoleon III für die Verschönerung von Paris gemacht hat, weil der mit den Einkünften des Staates nur die Zinsen bezahlt hat. *(332a, 50f)*

Seele: Wie das Licht in den Farben lebt, „so lebt das menschliche Ich in allen drei Gliedern des Seelenlebens“; im Erkennen, das im Denken verläuft, im Fühlen und im Wollen. *(64, 292)* Der wache, hingegebene Pol der Seele umfasst erkennende, „obere“ Fähigkeiten, die aus der Vergangenheit kommen und „ausgetrocknet“ sind; Sinnestätigkeit, Intelligenz und Gedächtnis. Das träumende Fühlen beginnt mit dem Erdenmenschen und ist heute erst etwas Embryonales. Es gehört zu den „unteren“, zukünftigen Fähigkeiten, wie auch die Begierden und der Wille, den der Mensch am Tage verschläft. Das glüht in den oberen Menschen hinein und wir werden warme, fühlende Menschen, auch wenn wir denken. Diese „niederen“, noch unausgebildeten menschlichen Fähigkeiten bringen uns vorzugsweise in ein Verhältnis zu unserer Umwelt. *(196, 211)* Wie beim Konzil in Konstantinopel der Geist für ketzerisch erklärt worden ist, so droht den Menschen, dass sie innerhalb der materialistischen Gesellschaftsordnung zu seelenleeren Wesen werden. Die Medizin wird dabei eine wichtige Rolle spielen. *(177, 90)* Gegen die Abschaffung der Seele wird sich in der Zukunft das Christentum durchzusetzen haben. In dem Widerstand, der dabei entwickelt werden muss, wird die Kraft gefunden werden, den Geist wieder zu erkennen. *(175, 180)*

Sozial – Antisozial: (>Moralische Intuition) Kredit, Kapital, Rente und so weiter; „diese Dinge, die im sozialen Verkehr Gesetzmässigkeit ausmachen, sind nur Ausschläge des Pendels der beiden Triebe, des sozialen und des antisozialen Triebes.“ *(186, 163)* Der Mensch ist im Schlaf und im Wollen sozial, im Denken und Vorstellen antisozial. *(186, 101f)* Die Mission des Menschen ist heute, „sich zu behaupten, sich nicht einschläfern zu lassen.“ Heute ist die Entwicklung der antisozialen Triebe „das geistige Lebensbrot der Menschheitsentwickelung.“ Die Entwicklung des Individuums ist antisozial. *(186, 164f)* Gegen einen Paradieszustand, wie ihn Lenin, Trotzki etc. auf der Erde haben wollen, würden sich unzählige Menschen auflehnen, „weil sie dabei nicht Menschen bleiben können“. Er „müsste sich in kürzester Zeit durch die antisoziale Triebe in sein Gegenteil verkehren.“ *(186, 100)* Dreigliederung will zunächst die Grundlage schaffen für ein Zusammenleben, aus dem die sozialen Antriebe sich frei entwickeln können. *(24, 107)* Die soziale Welt ist ganz das Ergebnis von Wollen, Begehren und Fühlen der zusammenlebenden Menschen. Mit ihr hängt der innerste Wesenskern des Menschen zusammen, den dunkel jeder Mensch fühlt. *(196, 211)* Das Antisoziale ist heute das Natürliche, aber es macht uns krank. Das Soziale hat etwas Gesundendes, es muss gepflegt werden. *(186, 167)*

Soziale Frage: (>Freiheit, >Mensch, >Urgedanken) „Was man gewöhnlich die soziale Frage nennt, wird eigentlich ganz und gar aus Konsumtions-Interessen vorgebracht, die wiederum nur auf der menschlichen

Individualität beruhen können." *(79, 238f)* Das gewohnheitsmäßig Moralische, das menschliche Mitleid, will den Armen Almosen geben. Das ist mittelalterliches Denken. Da lebten die Prälaten in Prunk und speisten gut und um die Dome herum lagerten Heere von Armen. Damit wird die heutige soziale Frage nicht einmal berührt, geschweige denn irgendwie partiell gelöst. *(305, 218)* „Geltendmachung der menschlichen Persönlichkeit, Fühlen des Menschenwesens in sich, das ist eigentlich der Grundnerv der sozialen Frage." *(328, 79)* Die Lösung der sozialen Frage liegt in der Anerkennung der göttlich-geistigen Natur des Menschen; dessen, „was in jedem Menschen aus der Ewigkeit hereinleuchtet." *(188, 95)* „Diese Lösung kann überhaupt nicht durch Diskussionen, sondern nur durch Geschehen, durch Tätigkeit erfolgen. Zu dieser Tätigkeit müssen aber erst die Bedingungen hingestellt werden." *(81, 111)* - Die soziale Frage gliedert sich in drei Fragen: Die gesunde Gestalt des Geisteslebens; das Arbeitsverhältnis in seiner rechten Eingliederung in das Gemeinschaftsleben; das Wirken der Wirtschaft im Gemeinschaftsleben. *(23, 55)*

Soziales Hauptgesetz: (>Arbeitsteilung) „Das Heil einer Gesamtheit von zusammenarbeitenden Menschen ist umso grösser, je weniger der einzelne die Erträgnisse seiner Leistungen für sich beansprucht, das heisst, je mehr er von diesen Erträgnissen an seine Mitarbeiter abgibt, und je mehr seine eigenen Bedürfnisse nicht aus seinen Leistungen, sondern aus den Leistungen der anderen befriedigt werden. Alle Einrichtungen innerhalb einer Gesamtheit von Menschen, welche diesem Gesetz widersprechen, müssen bei längerer Dauer irgendwo Elend und Not erzeugen." *(34, 213)*

Soziales Heil: Vom Übergang des Kapitals von den Fähigen an die Fähigen „hängt das soziale Heil der Zukunft ab." *(332a, 165)*

Soziale Intelligenz: (>Verstand, >Presse) Wir leben in einer „Hypertrophie des sozialen Kopfsystems, des Wirtschaftslebens. Alles wird vom Wirtschaftssystem ausgedacht" Der Mensch ist aufgesogen worden von dem „objektiven sozialen Verstande". Die Universitäten bilden brave Staatsdiener aus. Jetzt bekommt „dasjenige, was im Wirtschaftsleben selber denkt, die soziale Intelligenz", die Obermacht über die individuelle Intelligenz. Es „tritt eine Art von neuem Gruppendenken" auf. Es ist ein „allmähliches Aushungern" des sozialen Organismus. Der soziale Organismus braucht aber die menschlichen Talente, die menschlichen Begabungen. *(190, 40f)*

Sozialer Organismus: (>Organismus, >Sozialer Organismus - Mensch) „Ein Lebewesen gehört der ganzen Welt an und ist nicht denkbar ohne die ganze Welt. .. Der Mensch ist nicht ein einzelnes Wesen innerhalb der sozialen Ordnung, sondern er ist ganz eingeordnet in diese soziale Ordnung." *(307, 243f)* „Die ganze Erde als Wirtschaftsorganismus gedacht, ist der soziale Organismus." Einzelne Staaten kann man etwa mit Zellen vergleichen, und was die Staaten zusammen auf der

Erde ausmachen, lässt sich mit einem Organismus vergleichen. *(140, 22)* Einen Organismus „muss man werden lassen.“ Der dreigliedrige soziale Organismus muss eben entstehen. „Deshalb kann man ihn nicht abstrakt beschreiben.“ *(336, 468f)* „Wenn wir wissen, wie wir das Geistesleben, das rechtlich-staatliche Leben und das Wirtschaftsleben jedes auf seine ureigenen Bedingungen stellen, aus seinen ureigenen Kräften heraus arbeiten lassen, dann wird sich auch die Einheit des sozialen Organismus ergeben.“ *(83, 306f)*

Sozialer Organismus, Gesundheit: (>Geld als Buchführung) Im sozialen Organismus sind immer verfälschende Tendenzen. Sie müssen fortwährend beobachtet werden und es muss ihnen so entgegengewirkt werden, dass die Fälschungen ein Minimum sind. *(340, 109)* „Die Menschen machen sich nur etwas vor … sie zahlen ihre Steuern. Die Steuern sind ja nur der Umweg; denn darin sind die Schenkungen, die wir an die Schulen und so weiter abgeben .. Die Menschen sollten aber eine solche soziale Ordnung haben, wo sie immer sehen, wie die Dinge laufen, und sich nicht etwas vormachen. Wenn sie das soziale Leben herauskriegen allmählich aus demjenigen, was jetzt konfundiert alles in sich enthält, dann werden sie, wie sie jetzt in dem gesunden menschlichen Organismus das Blut laufen sehen, so das Geld laufen sehen als Produktionsgeld, Leihgeld, Schenkungsgeld. Und sie werden sehen, wie mit dem Menschen zusammenhängt auf der einen Seite im Handels-, Zirkulations-, Produktions- und Erwerbsgeld dasjenige Geld, das angelegt wird, damit es auf dem Wege des Leihens, indem es verzinst wird, wiederum in die Produktion übergeht, und auf der anderen Seite das Schenkgeld, das zufließen muss dem, was freies Geistesleben ist. So nur können die Menschen am sozialen Geschehen teilnehmen, dass jeder in der freien Assoziation sieht: So läuft das Leben - dann kann Gesundheit hineinkommen in den sozialen Organismus.“ *(305, 237f)*

Sozialer Organismus; Leben, Selbststeuerung: (>Leben) „Der soziale Organismus ist etwas, was jung wird und altert, und dem immer neue Impulse eingeflösst werden müssen.“ *(81, 112)* „Und wie das Leben selbst Steuer und wie das Leben selbst Regulation ist, so wird sich der soziale Organismus selber regulieren, wenn nur in der richtigen Weise die Gesetze seiner einzelnen Gebiete gefunden sind.“ *(336, 76)* „Wie ein Organismus einige Zeit nach der Sättigung immer wieder in den Zustand des Hungers eintritt, so der soziale Organismus aus einer Ordnung der Verhältnisse in die Unordnung.“ *(23, 14)* „Wie der Menschenkörper die wirkliche Materie braucht, so der soziale Organismus den wirklichen Geist.“ *(36, 55)* Wenn Dreigliederung einmal läuft, wird sich auch das Verhältnis von Menschen zu einer bestimmten Bodenfläche regeln, und „..es werden nicht alle Menschen Gelehrtenberufen nachlaufen und das als etwas Besonderes sehen.“ *(337a, 222)*

Sozialer Organismus - Mensch: Der Mensch ist unabhängig vom sozialen Organismus. Dieser bildet nur seinen Lebensboden, und „jeder Mensch als solcher wird ein Verbindendes der drei Glieder sein.“ *(23, 140)*

Die Wirksamkeit des Organismus ist ohne unser Zutun da, „die moralischen Gesetze werden von uns erst geschaffen." *(4, 195)* Die Menschen müssen noch zu höheren Begriffen kommen, „als der des Organismus ist, wenn sie die soziale Struktur begreifen wollen. Diese soziale Struktur kann niemals als Organismus begriffen werden; sie muss als Psychismus, als Pneumatismus begriffen werden, denn Geist wirkt in jedem gesellschaftlichen Zusammenleben der Menschen. .. unabsehbar wären die Folgen, wenn es nicht geschähe." *(181, 357f)* Das Soziale kann nur aus der Individualität kommen. *(337b, 52)* Was die Menschen geistig leisten ist in der Wirkung auf den sozialen Organismus wie eine Ernährung des sozialen Organismus. *(190, 34)* Die Soziale Struktur muss als Gegengewicht zu den antisozialen Trieben unseres Zeitalters sozial gegliedert werden, also alles das, was nicht am Menschen hängt: Arbeitsposition oder Arbeitsort. Nur was in ihm selbst ist, die Arbeitskraft, ist davon unabhängig. *(186, 164)*

Sozialer Organismus - Menschlicher Organismus: „Den sozialen Organismus verstehen Sie im Verhältnis zum Menschen nur richtig, wenn Sie den Menschen auf den Kopf stellen. Hier im Menschenkopf ist eigentlich der Grund und Boden des Menschen. Der Mensch wächst von oben nach unten, der staatliche Organismus wächst von unten nach oben. Er hat seinen Kopf, wenn man ihn schon mit dem Menschen vergleichen will, unten und steht auf dem Kopf und hat seine Beine oben. Seine Nahrung bekommt er aus dem einzelnen individuellen Menschen." *(188, 176)* Im Kopf finden Todesprozesse statt, im Stoffwechsel-Gliedmassen-Bereich die Lebensprozesse. *(196, 25)* Das Kopfsystem oder Nerven-Sinnessystem entspricht dem Wirtschaftssystem. Die Brust, das Lungen-Herzsystem oder Rhythmische System entspricht dem Staatssystem. Der Unterleib, das Stoffwechselsystem entspricht der geistigen Organisation. Jedes dieser Systeme hat „eine eigene, für sich bestehende Verbindung mit der Aussenwelt." Wenn ein gewisses Volk in einer reichen Gegend wohnt mit vielen Erzgruben, mit fruchtbarem Boden, so ist der soziale Organismus vom Kopf her begabt. *(190, 33f)* Die Kapitalseite der Wirtschaft hängt mit dem Sinnes-Nervenmenschen zusammen; Erfahrung, die im assoziativen Zusammenarbeiten in der Wirtschaft gebraucht wird, mit dem Gliedmassen-Stoffwechselmenschen. *(188, 157f)* Das Kopfsystem, die Wirtschaft ist heute zu stark, der soziale Organismus hat Hunger. *(190, 37)*

Soziales Urphänomen: (>Sozial-antisozial) Wenn der Mensch dem Menschen gegenübersteht, ist der eine Mensch immer einzuschläfern bemüht, und der andere Mensch will sich immerfort aufrecht erhalten. Im Erleben des anderen Bewusstseins-Inhaltes verschwindet mir mein eigenes Bewusstsein. „Das ist aber, um im Goetheschen Sinn zu sprechen, das Urphänomen der Sozialwissenschaft." *(186, 175)* „Wir wachen auf an dem Natürlichen des andern Menschen, wir wachen im gewöhnlichen alltäglichen Leben nicht auf an dem Geistig-Seelischen des andern Menschen. Wir müssen diesen Ruf erst vernehmen." *(257, 114f)*

Soziales Urteil: Der Einzelne, „wenn er noch so gescheit ist, wenn er ein noch so intelligenter und meinetwillen auch idealistischer und praktischer Mensch ist“, kann „überhaupt ein soziales Urteil nicht gewinnen.“ *(305, 206)* Man hat nur einen Massstab für das, was man selber braucht. „Daher lässt sich auf eine Erkenntnis, die aus den eigenen Bedürfnissen genommen ist, niemals ein soziales Urteil aufbauen.“ *(338, 164)* Die wirtschaftliche Erfahrung „kann man eben nicht aus den Fingern saugen oder durch Nachdenken entwickeln, sondern nur dann gewinnen, wenn man im assoziativen Zusammenhang seine Fäden zu dem oder jenem zieht.“ *(199, 91f)* Wenn es um den Zusammenfluss dessen geht, was die Menschen nicht nur denken, sondern auch fühlen und wollen, kann sich nie ein eindeutiges soziales Urteil ergeben. Sondern dieses muss bildlich sein; eine Art künstlerische Struktur haben, nicht eine bloss logische Struktur. *(338, 37f)*

Sozialisierung und Gedankenfreiheit: (>Soziale Intelligenz) „Sozialistisch Denkende können sich kaum etwas anderes vorstellen, als dass die Gesellschaft den einzelnen zu ihrem Dienste nach ihren Massnahmen erziehe.“ Früher war das richtig. *(23, 10)* „Sozialisierung ist nicht denkbar ohne Gedankenfreiheit.“ *(186, 104)* „Man kann nicht durch Verordnungen und Gesetze sozialisieren, sondern man kann nur durch die Menschen sozialisieren, die aus dem Wirtschaftsleben heraus wirken.“ *(331, 173)*

Sozialismus: (>Kommunismus, >Verteilung, >Leistung und Gegenleistung) „Der Sozialismus ist ein Kind der Bourgeoisie" und ihrer Universitäten. *(189, 61)* Mit „Sozialisierung" meinen manche „ein kapitalistisches Gespenst in neuer Form, das sich vollsaugen soll mit allerlei Parasiten." *(331, 119f)* „Bei unserem arbeitsteiligen Organismus muss alle Sozialisierung ja darauf hinauslaufen, dass das, was der einzelne Mensch produziert im Verlauf des Jahres, gleichkommt dem, was er braucht für seine Lebenshaltung. Werfen wir heraus das Lohn-, das Kapitalverhältnis, dann kriegen wir das reine Warenverhältnis." *(337a, 52)* Wirklicher Sozialismus heisst, vorwärtszukommen durch „die Kraft, die in dem Menschen liegt für das Verständnis des anderen Menschen." *(330, 167)*

Sozialistische Experimente: Das Experiment führt weg von der lebendigen Natur. Es hat mit dem zu tun, was in der Natur erstirbt. Das zeigt sich, wenn man die experimentelle Denkweise anwenden will auf das soziale Leben. *(73, 319f)* Durch den Weltkrieg sind sozialistische Experimente im Osten angelegt mit Herrschern auf plutokratischer Grundlage. *(192, 219)* Das Nichtwissen über den sozialen Organismus ermöglicht sozialistische Experimente, zunächst in Russland. *(186, 68)*

Sozialwissenschaft: (>Geisteswissenschaft und soziale Frage) Was in der Naturwissenschaft ein Irrtum oder eine Einseitigkeit bleibt, lässt sich im Laufe der Zeit zurechtlegen. Wenn es aber der Arbeit im sozialen Leben zugrunde gelegt wird, führt es kleinere oder grössere

Katastrophen herbei. *(72, 150f)* Jene Wissenschaft, die den Menschen „nur als das höchste Glied in der Tierreihe“ betrachtet „wird niemals einen sozialen Neuaufbau schaffen.“ *(337b, 76)*

Soziologisches Grundgesetz: (>Blut und Geist, >Individualität) „Die Menschheit strebt im Anfang der Kulturzustände nach Entstehung sozialer Verbände; dem Interesse dieser Verbände wird zunächst das Interesse des Individuums geopfert; die weitere Entwicklung führt zur Befreiung des Individuums von den Interessen der Verbände und zur freien Entfaltung der Bedürfnisse und Kräfte des Einzelnen. Der Staat und die Gesellschaft, die sich als Selbstzweck ansehen, müssen die Herrschaft über das Individuum anstreben. Sieht sich der Staat nicht mehr als Selbstzweck an, sondern als Mittel, so wird er sein Herrschaftsprinzip auch nicht mehr betonen. Er wird sich so einrichten, dass der Einzelne in grösstmöglicher Weise zur Geltung kommt. Wie der Einzelne mit sich selbst fertig wird, das ist die Frage. Jeder einzelne wird diese Frage lösen, wenn er nicht durch alle möglichen Gemeinschaften daran gehindert wird.“ *(31, 255f)*

Sprache: Das innerliche, Imaginative der Sprache belebt das menschliche Geistesleben. Sprache als Verständigungsmittel weist auf das Rechtsleben. „Mit Bezug auf das Wirtschaftsleben, da können wir alle taubstumm sein .. Unsere Begriffe taugen eigentlich am allerwenigsten für die Besprechung der sozialen Frage.“ Würden wir nicht „einander dienen können in nicht ausgesprochener Weise, dann würden wir wenig hineintragen können" in die nachtodliche Welt. *(190, 84f)* Die Notwendigkeit, den Gedanken Geltung zu verschaffen, muss heute schon beginnen im Kampfe mit der Sprache." Es ist gefährlich, sich von der Sprache tragen zu lassen. *(196, 80f)*

Staat, Überstaaten: (>Einheitsstaat abbauen, >Rechtsstaat) Der Staat wird wie eine Art Gott empfunden, fast wie Faust über Gott sprach: „Der Allerhalter, der Allumfasser, fasst und erhält er nicht dich, mich und sich selbst?" *(329, 124)* Der Staat hat nur das irdische Zusammenleben zu regeln. Sobald er seine Macht ausdehnen will auf die eigentliche überirdische Geistigkeit, ist er „der widerrechtliche Fürst dieser Welt." *(193, 30)* Man will sogar Überstaaten, Überparlamente begründen; die Menschen mögen nicht herausschlüpfen aus den alten Denknetzen. Die Weltbürokratie würde aber durch das Ausschalten der freien Initiative der geistigen Fähigkeiten den sozialen Organismus zum Verhungern bringen. *(190, 43)* Würden sich die Menschen Mitteleuropas „auf die sogenannte zwischenstaatliche Organisation der gegenwärtigen Internationalisten einlassen, dann hätte man die schöne Aussicht, als Mitteleuropäer innerhalb dieser zwischenstaatlichen Organisation stets überstimmt zu werden." *(24, 350)* Jedes Mehr des Staates ist ein Zeugnis für ein Weniger der den Staat tragenden Menschen. *(24, 45)*

Steuern als Ausgabensteuern: Der Staat wird durch Steuern erhalten. Sie werden durch eine Übereinkunft zwischen Rechtsleben und Wirtschaftsleben geregelt. *(23, 86)* Sie dürfen nicht der undurchsichtige Umweg für ein staatlich finanziertes Geistesleben sein. *(192, 144)* Steuern zahlt jeder Einzelne. Der Begriff der juristischen Persönlichkeit wird verschwinden. *(331, 112)* Der Besitz des Unternehmers wird nicht besteuert. Die wichtigsten Lebensbedürfnisse sind gering zu besteuern, die weniger wichtigen stärker. *(Molt, 227f)* „Indem der Mensch Geld einnimmt, sondert er sich aus dem sozialen Organismus heraus. Der Mensch wird erst ein soziales Wesen, indem er ausgibt." *(189, 112)* Deshalb muss nicht beim Einnehmen, sondern gerade beim Ausgeben das Steuerzahlen einsetzen. Geld ist bloss eine Art Buchhaltung. In dem Augenblick, wenn es in den Wirtschaftsprozess übertritt und zu etwas Wirklichem wird, gleichgültig für was es ausgegeben wird, muss man es versteuern. Das Bankdepot ist Ausgabe, ebenso das Geld, das ins Ausland geht. Das Steuersystem darf nicht parasitär am Wirtschaftsprozess sein, sondern soll eine wirkliche Hingabe des Wirtschaftsprozesses an die Allgemeinheit sein. *(332a, 60f)*

Technik >Industrialismus

Tod: (>Denken, Tod, Freiheit, >Leben) Der Mensch stärkt sich durch den Schlaf. Und ähnlich ist es mit dem „Tod". „Die lebenden Wesen verfallen dem Tode, damit neues Leben entstehen könne." *(13, 81)* „An dem Toten muss seit der Mitte des fünfzehnten Jahrhunderts der Geist geboren werden, wenn der Geist in das menschliche Seelenleben überhaupt hereintreten soll." *(190, 187)*

Ungleichheit >Gleichheit und Ungleichheit, >Ausbeutung, >Verteilung

Unternehmer: (>Kapital und Geist, >Einkommen, >Kredit) Die Wirtschaft braucht die Initiative des einzelnen fähigen Menschen. Der Unternehmer gehört zum Gebiet des freien Geisteslebens und ist abhängig vom freien Verständnis. Die Aktivierung unternehmerischer Fähigkeiten nur wegen des Gewinns und ohne Interesse für das Produkt ist eine Folge des unfreien Geisteslebens bzw. des Einheitsstaates *(23, 95f)*. Der Unternehmer ist nicht durch wirtschaftliche Macht, sondern durch die Rechtsverhältnisse und durch seine Befähigung im Besitz von Produktionsmitteln. Er verdankt den Produktionsmitteln, dass ihm seine Fähigkeiten Einkommen bringen. Er wird „nicht verfehlen, die Produktion zu einer möglichst vollkommenen zu machen." *(23, 125)* Er muss vor Absetzung geschützt sein, solange er nichts macht, was die Allgemeinheit schädigt. *(Molt, 231)*

Unternehmer und Arbeiter: (>Arbeit, geistige und körperliche, >Vertrauen, >Motivierung) Der Unternehmer als Verwalter des Kapitals „ist in der Lage, die körperliche Arbeit anderer Menschen in den Dienst dessen zu stellen, das er herzustellen unternimmt." *(23, 94)*. Er hat eine wirtschaftliche Übermacht. Aus dem Machtverhältnis muss ein Rechtsverhältnis werden *(23, 78)*. Das Lohnverhältnis ist ein Lügenverhältnis *(189, 110)*. An die Stelle des Arbeitsvertrages muss ein Verteilungsvertrag treten. Handarbeiter und geistige Arbeiter - der Unternehmer ist ein geistiger Arbeiter - „arbeiten gemeinsam an irgendeinem Produkt, und dieses Produkt hat einen gewissen Preis. Unter Berücksichtigung der jeweiligen Gegebenheiten und Möglichkeiten muss nun dieser Preis vertragsmässig zwischen geistigen Leitern und Arbeitern verteilt werden." *(331, 274f)* Arbeiter und Unternehmer haben im Grunde gleiche Interessen. *(337a, 96f)*. Der Unternehmer soll mit den an dem Unternehmen Beteiligten alles durchsprechen, was vorgeht. *(83, 252)* Er „wird gewisse Ansprüche stellen für seine geistige Leistung", und der Arbeitnehmer wird „einsehen, dass seine Interessen am besten vertreten sind, wenn der Unternehmer den Betrieb gut leitet, ohne ihn aber zu besitzen." *(190, 28)* „Lassen Sie die Kapitalisten noch so viel Geld haben, dieses Geld hat ja nur einen Wert, wenn Leute arbeiten, sonst nicht! Also, es steht die Arbeiterschaft nicht denjenigen Leuten gegenüber, die eigentlich noch Unternehmer sind, sondern denen, die nur noch Geld haben. .. Was heute so gefürchtet wird als Kapitalistentum, das steht eigentlich auf einem furchtbar hohlen Boden." *(331, 185)*

Urgedanken: (>Denken, >Geist) „Das gemeinsame Urwesen, das alle Menschen durchdringt, ergreift somit der Mensch in seinem Denken. Das mit dem Gedankeninhalt erfüllte Leben in der Wirklichkeit ist zugleich das Leben in Gott." *(4, 249f)* „Man richtet sich in Gedanken nach den Tatsachen, die doch der Gedanke beherrschen soll. Notwendig ist aber heute, zu sehen, dass man nicht anders ein den Tatsachen gewachsenes Urteil gewinnen kann als durch Zurückgehen zu den Urgedanken, die allen sozialen Einrichtungen zugrunde liegen." *(23,*

92f) „Und führt das menschliche Leben dazu, dass sich die Einrichtungen nach und nach von diesen Urgedanken entfernen können, so ziehen sich diese Urgedanken zurück in das menschliche Innere und werden Empfindungen, werden Instinkte. .. Was heute als soziale Forderungen auftritt, ist die Reaktion der Urgedanken auf die heutigen menschlichen Verhältnisse." *(189, 129)*

Verkehr: Dem Verkehr unterliegen erstens Waren, zweitens Menschen, drittens Nachrichten. Sofern im Verkehr Waren drinnen stehen, muss das, was sich auf den Warenverkehr bezieht, nach Verträgen, nach den Impulsen des Wirtschaftslebens geregelt sein. „Was sich auf Menschen bezieht, ist aus dem Staatsleben heraus geregelt. Das sind Rechtsverhältnisse." Die Nachrichten unterliegen dem geistigen Leben. *(337a, 217)*

Versicherungen: Das Versicherungswesen gehört zur Wirtschaft. *(24, 436)*

Verstand und Emotion: (>Weisheit - Liebe) „In der Natur ist überall Verstand, alles ist überall Weisheit. So denkt der Mensch, er bringe den Verstand hervor, während er ihn nur aus dem allgemeinen Meere des Verstandes schöpft." *(220, 149)* „Denkkraft ist es, die Schiffe, Eisenbahnen, Telegraphen, Telephone gebaut hat. Alles das dient zum weitaus grössten Teil zur Befriedigung von Bedürfnissen der Empfindungsseelen", durch die der Mensch dem Tiere verwandt ist. Auch das Tier hat Empfindungen, Triebe und Instinkte, „aber das Tier folgt diesen unmittelbar." *(9, 42)* „Werden die Verstanankräfte zu stark ausgebildet, so bleiben die Emotionen auf einer niedrigeren Stufe zurück. Sie werden zwar stark, aber werden elementar, sie werden wüst." *(330, 312)* „Die Gegenwart entwickelt sich nach dem Abgrund des Verstandes hin." Es wird eine Zeit kommen, „in welcher der Mensch ein Sklave der Intelligenz sein wird .. Das ist das wahre anthroposophische Streben, aus der heutigen Verstandeskultur heraus zu begreifen die spirituelle Welt.." *(104, 152)* „In sozialen Dingen gibt es keinen anderen Weg zu dem richtigen Verstandesgebrauch als den durch Herz und Seele." *(24, 197)*

Verteilung, gerechte: (>Leistung und Gegenleistung, >Schulden) Aufgrund des Irrtums, man müsse nur das Wirtschaftsleben umgestalten, werden die Menschen „aus dem Wirtschaftsleben heraussaugen wollen, was sie gerechte Verteilung der Güter nennen." Es geht darum, die Menschen im Geistesleben und Rechtsleben sozial zu machen, um das Wirtschaftsleben sozial zu gestalten. *(332a, 96)* Es geht nicht darum, durch äussere Institutionen dem, der zuviel Geld hat, es wegzunehmen und dem Staat zu geben. *(337a, 215)* Ein Tübinger Professor setzt sich dafür ein, „dass der Staat für die armen Leute eintreten muss ... Ich möchte nur wissen, wie das der Staat anstellt, ohne dass er den Leuten erst das Geld aus dem Portemonnaie nimmt? .. schliesslich kommt man in der wirklichen Volkswirtschaft damit nicht weiter, dass man eine Geldnote nach der anderen druckt, denn diese Noten haben ja nur einen Wert, wenn sie durch Arbeit eingelöst werden!" *(331, 116f)* In der Dreigliederung wird die Mehrleistung, die ein Mensch auf Grund seiner individuellen Fähigkeiten vollbringt, ebenso in die Allgemeinheit überführt, wie die weniger Befähigten und weniger Leistenden den berechtigten Unterhalt aus dieser Allgemeinheit bekommen können. *(23, 129)*

Vertrauen und delegieren: „Läge nicht in der menschlichen Wesenheit der Urgrund zur Verträglichkeit, man würde sie ihr durch keine äusseren Gesetze einimpfen! .. Der Freie lebt in dem Vertrauen darauf, dass der andere Freie mit ihm einer geistigen Welt angehört und sich in seinen Intentionen mit ihm begegnen wird." *(4, 166)* „Die Fäden der Zukunft können nur die des Vertrauens sein." *(330, 191)* Jedes Kontrollsystem ist auf Misstrauen aufgebaut. Man kann aber schon auf Vertrauen bauen, „wenn mit dem Egoismus des Einzelnen der rationelle Betrieb zusammenfällt", wenn also jeder weiss, „dass ihm seine Arbeit am besten bekommt, wenn der beste Leiter da ist." Dieses konkrete Vertrauen wird das seitherige Wählen „in eine Art Delegation verwandeln. Man wird ein Interesse daran haben, dass derjenige, der den grössten Sachverstand hat, auch die Leitung innehat." *(331, 282)*

Völker und Menschheit: „Nicht die Völker werden Aufgaben haben – die Menschheit wird Aufgaben haben!" Es ist dabei „notwendig, sich einzulassen auf die besonderen Aufgaben der einzelnen Völker. .. Welche Kräfte gibt mir das, dass ich da oder dort geboren bin, .. zu der Mission der ganzen Menschheit?" *(337b, 118f)* „Die Völker werden überhaupt erst reif für das Christentum werden, wenn sie die Verwandtschaftsliebe überwunden haben." *(97, 172f)*

Volk und Einzelner: (>Blut und Geist) Der Einzelne ragt als eine Individualität immer aus seinem Volkstum heraus. Reinkarnation und Karma des Einzelmenschen zu sehen, ist der notwendige Ausgleich zu seinem Eingebettetsein in Volks- und Rassenzusammenhänge. *(121, 82f)* Der Einzelne ringt sich los aus dem blossen Volkstum, damit er in die moralische Weltordnung eintreten kann, die eine individuelle Angelegenheit ist. *(186, 296f)* Aber die Einzelnen werden nur dann ihren „freien, konkreten Beitrag zur Menschheitsmission liefern können, wenn sie vor allen Dingen ein Verständnis haben für ihr Volkstum." *(121, 9)*

Volk und Recht: „Das Staatsleben ist der Gegensatz zu allem Geistesleben. Wenn das Erdenleben heilsam verlaufen soll," müssen in Zukunft Rechtsprinzipien „wie Gaben aus der geistigen Welt" durch Inspiration an den Volksgenius herunterkommen, „um das irdische Leben zu regeln, so dass es nicht von menschlicher Willkür bloss .. geregelt ist." *(190, 80)* „Es herrscht heute so viel gesunder Sinn in den breiten Massen des Volkes, dass in dem Augenblicke, wo mancher Führer fiele, viel wirklich gesunde soziale Einsicht eintreten würde." *(332a, 183f)*

Volkswirtschaftswissenschaft: (>Preisformel, >Sozialwissenschaft, >Weltwirtschaft) „Solange der Mensch nur so hinkriecht auf der Erde und im Grunde genommen glaubt, er sei nichts anderes als dasjenige, was er aus Pflanze, Tier und Mineralien aufnimmt, .. solange weiss sich der Mensch nicht als das richtige

Wesen, das er ist" .. und bekommt nicht richtige nationalökonomische Begriffe. *(191, 54f)* In der Naturwissenschaft stehen wir ausser den Prozessen. Den volkswirtschaftlichen Prozess müssen wir überall mitmachen. *(340, 65)* „Der volkswirtschaftliche Prozess" kann sich nur da spiegeln, „wo zusammenwirken die Urteile aus den Menschen, die in den verschiedensten Gebieten drinnenstehen.". *(340, 122)* Man muss von der Erfahrung ausgehen, nicht von der Verstandeslogik. *(338, 36)* Volkswirtschaft als theoretische Wissenschaft muss z.B. Preise wie Thermometerstände beobachten lernen. Handeln kann aber nicht heissen, an den Thermometerständen manipulieren zu wollen, sondern an einer ganz anderen Ecke praktisch einzugreifen, nämlich das „Zimmer einzuheizen". Das führt dann zur Frage z. B. des sozialen Hauptgesetzes. *(340, 39)* Um Volkswirtschaft zu treiben braucht man dieselben Fähigkeiten, wie man sie braucht, um Biologie zu treiben. *(341, 35)* Man muss die Begriffe aus unendlich vielen Faktoren zusammensetzen und auf volkswirtschaftliche Imaginationen hinarbeiten. *(341, 11)* Volkswirtschaftliches Denken ist nicht nur beobachtend. Es fällt in gewisser Weise auch mit dem moralischen und religiösen Denken zusammen. *(340, 123)* Wie die Inspirationskraft der Natur in der Technik weiterwirkt, „brauchen wir wiederum eine Kraft, die auf geistig-seelischem Gebiete geradeso wirkt wie die rein natürliche inspirierende Kraft in unserer äußeren Technik." *(83, 189f)*

Währung: (>Geld als Buchführung) Die Währungsfrage wird „niemals ein Staat durch Gesetze in befriedigender Weise lösen", sie muss der Verwaltung des Wirtschaftsorganismus überlassen werden. Eine Voraussetzung dazu ist die Geldalterung. *(23, 133)* „Dasjenige, was in einer fortwährenden Zirkulation ist, das hat einen Dauerwert, trotzdem es sich immerfort ändert." Was abgenutzt ist, muss wieder ersetzt werden. „Der eigentliche Wohlstand, die eigentliche Deckung für das Geld wird liegen müssen in dem, was zirkulierende Produktionsmittel sind." *(190, 29f)* Wenn es wenig brauchbare Produktionsmittel gibt, wird die Geldverjüngung schnell umgesetzt werden müssen, sonst wird sich das Geld stauen und Kaufgeld zurückgehen. Wenn viele brauchbare Produktionsmittel da sind, „wird der Umlauf ein anderer sein, und es wird dadurch dem Geld ein erhöhter Wert anhaften." *(341, 82)*

Wahrheit und Lüge: Wahrheiten müssen nicht durch sinnliche Anschauung gestützt werden, sondern tragen sich gegenseitig. *(83, 163)* In den Dingen, in den Vorgängen selbst waltet Wahrheit oder Unwahrheit. Das pulsiert als unterbewusste Kräfte. *(185a, 88)* Wenn das Denken nicht nur zum bloss Richtigen, sondern zum Wahrhaftigen kommen will, muss es über Staunen, Ehrfurcht und Ergebenheit gehen. *(134, 21f)* „Nichts anderes kann vom Wollen zur Tat führen, als als das rücksichtslose, couragierte Verfolgen der Wahrheit." *(330, 408)* Mit einem lügenhaften gesellschaftlichen Zustand hängen latente Leidenschaften und das Hervorbrechen von Gewalt zusammen. *(337b, 113f)* Die Menschen sind noch Gruppenwesen und haben deshalb einseitige Auffassungen. *(254, 100)* „Scheuen Sie sich nicht vor Gegnerschaften, denn es ist heute ein und dasselbe: Gegner zu haben und die Wahrheit zu sagen.“ *(196, 293)* „Tatsächlich bringt ein jeder, der die Wahrheit sagt, die Entwickelung der Menschheit vorwärts, und der, welcher lügt, hemmt dieselbe.“ *(99, 64)*

Ware: (>Leistungen, geistige) Ware ist „jede Sache, die durch menschliche Tätigkeit zu dem geworden ist, als das sie an irgendeinem Orte, an den sie durch Menschen gebracht wird, ihrem Verbrauch zugeführt wird.“ *(23, 71)* „Innerhalb des Wirtschaftsgebietes hat man es nur mit Warenwerten zu tun. Für dieses Gebiet nehmen auch die Leistungen, die entstehen aus der geistigen und der staatlichen Organisation heraus, den Warencharakter an.“ Ware und nur Ware wird bezahlt, nicht aber Fähigkeiten und Arbeitskraft. *(23, 130f)* „Dadurch, dass man gegenseitig wirkliche Waren tauscht, die man produziert oder konsumiert, stellt sich eine Abhängigkeit nicht ein, welche zwischen Mensch und Mensch wirkt.“ *(23, 72)*

Weisheit und Instinkt: (>Bewusstsein, >Urgedanken) Bei Tieren führt der Instinkt zur Befriedigung der Lebensbedürfnisse. Es ist in die Weisheit eingespannt. Der Mensch muss „die Instinkteinrichtung durch das bewusste, zielgetragene Denken ersetzen.“ Für ihn „ist die Brotfrage eine Gedankenfrage.“ *(24, 119)* In der geistigen Welt gibt es Weisheitsgesetze, keine moralischen Gesetze. Es kann jemand durch den Schlaf instinktive Weisheitsimpulse haben, „so dass er die kompliziertesten Maschinen erfinden kann, aber das braucht gar nicht mit der Moralität zusammenzuhängen.“ *(177, 30)*

Weisheit - Liebe: „Geistige Erkenntnis wandelt sich durch das, was sie ist, in Liebe um... Weisheit ist die Vorbedingung der Liebe; Liebe ist das Ergebnis der im „Ich" wieder geborenen Weisheit." *(13, 416)* „Die Menschen fliehen noch den inneren Kampf zwischen Weisheit und Liebe. Solange wird er als äussere Kämpfe herausgeworfen." *(186, 280f)*

Weltherrschaft mit Kapitalistenmitteln: Es gibt in der angloamerikanischen Welt eine tonangebende Gruppe von Menschen, die ihre Wurzeln in den Impulsen hat, die vor der französischen Revolution liegen und die eine Weltherrschaft mit Kapitalistenmitteln realisieren will. „Diese Gruppe weiss, im Bereich des russischen Territoriums liegt eine im Sinne der Zukunft unorganisierte Menschenansammlung, die den Keim einer sozialistischen Organisation in sich trägt. Diesen sozialistischen Keimimpuls unter den Machtbereich der antisozialen Gruppe zu bringen, ist das wohlberechnete Ziel. Dieses Ziel kann nicht erreicht werden, wenn von Mitteleuropa mit Verständnis eine Vereinigung gesucht wird mit dem östlichen Keimimpuls." Es wird , um den russischen Kulturkeim zwischen den angloamerikanischen Plutokraten und dem mitteleuropäischen Volke gekämpft. .. Es gibt nur die Alternative: Entweder man entlarvt die Lügen, mit der der Westen arbeiten muss, wenn er reüssieren will, .. oder man tritt an eine okkulte Gruppe innerhalb der angloamerikanischen Welt die Weltherrschaft ab." *(173c, 264)*

Weltwirtschaft, Weltwirtschaftswissenschaft: (>Landwirtschaft und Industrie) Man muss von dem volkswirtschaftlichen Denken „übergehen zu einer Weltwirtschaft, Weltwirtschaftswissenschaft, oder aber ein unmögliches Erdengebilde in wirtschaftlicher Beziehung herstellen, das nur leben kann, wenn der eine Teil auf Kosten des anderen sich durch Valutadifferenzen wirtschaftliche Vorteile verschafft.“ *(340, 162f)* „Dasjenige, was die Volkswirtschaften allmählich an inneren Werten verlieren, das wird reichlich wettgemacht durch den Weltverkehr und den Übergang zur Weltwirtschaft. Wenn aber die Weltwirtschaft da ist, mit wem soll denn die tauschen? .. Wenn volkswirtschaftlich weitergedacht wird innerhalb der Weltwirtschaft, so muss die Weltwirtschaft in einem bestimmten Punkt zusammenbrechen. .. Es ist heute als das Kardinalproblem für die Wirtschaftswissenschaft das des geschlossenen Wirtschaftsgebietes, Riesenwirtschaftsgebietes, zu lösen. Denn die kleinste Frage, auch die Frage des Preises zum Beispiel unseres Frühstückskaffees, ist etwas, was heute unter dem gesamten Einfluss des Wirtschaftslebens der Erde steht.“ Innerhalb des geschlossenen Wirtschaftsgebietes gibt es einerseits konsumfähige Ware, verbrauchbare Ware, und andererseits Geld. „Just dasjenige, was Geld ist, das ist etwas, was merkwürdigerweise im volkswirtschaftlichen Leben, trotzdem es ganz in Äquivalenz steht mit den anderen volkswirtschaftlichen Elementen, sich nicht abnutzt.“ Im geschlossenen Wirtschaftsgebiet entsteht in Bezug auf die Ernährung ein mehr produzierendes Feld und ein mehr konsumierendes Feld. Alle darin essen, aber insbesondere die landwirtschaftlichen Arbeiter bieten die Ernährung. Über „Industriearbeiter, Geldleiher, Handelsleute, geistigen Arbeiter bis in das freieste Geistesleben hinauf" wird mehr die Ernährung gesucht. Da, „wo am entwickeltsten ist das geistige Leben in der Kapitalbildung", entstehen dann Kapital-Überschüsse. Hier „muss dafür gesorgt werden, dass da Überschüsse nicht mehr vorhanden sind, dass da nichts an Kapital sich staut in Grund und Boden", dass es „in den geistigen Institutionen verschwindet." *(340, 161f)* Die Lösung für die Weltwirtschaft „besteht darinnen, dass in diesem geschlossenen Wirtschaftsgebiet, das nicht eine Volkswirtschaft ist, die an eine andere angrenzt, wo man Export und Import treiben kann, dass darin drei Gebiete entstehen in Bezug auf Geld: Leihgeldgebiet, Kaufgeldgebiet, Schenkungsgeldgebiet." Was sonst nur durch Export und Import fortwährend korrigiert wird, wird jetzt zwischen den Geldgebieten durch entsprechende Geldflüsse korrigiert. „Was man nötig hat, ist nur wirklich menschliche Vernunft. Die bringt man dadurch hinein, dass die Assoziationen dasitzen, die aus ihren Erfahrungen heraus beobachten können und nach den Beobachtungen die entsprechenden Dinge in Wirklichkeit überführen können." *(340, 183)* In der Generalbuchhaltung der Weltwirtschaft muss ein Posten A; „mit Natur verbundene Arbeit" verglichen werden mit Posten B; „soviel wird durch diese Leistung Arbeit erspart." Die Vergleichbarkeit liegt darin, dass „alle menschliche wirtschaftliche Leistung, wenn man sie überblickt, dennoch auf die Natur zurück geht." *(340, 205)*

Wert, Scheinwert: (>Volkswirtschaftlicher Prozess, >Preis) Zum einen besteht der Wert darin, wie viel Arbeit verwendet worden ist zur Herstellung. Zum anderen besteht der Wert darin, „wie viel Arbeit man erspart dadurch, dass man dieses Gut oder diese Ware hat." Letzteres ist der Gesichtspunkt des geistigen Arbeiters. „Der volkswirtschaftliche Wert ist ein Spannungszustand." *(188, 194f)* Zunächst müssen Lohnverhältnis einerseits und Kapitalverhältnis andererseits aus dem Wirtschaftskörper heraus, dann kann sich Ware durch Ware regulieren, „sodass ein genauer Index da sein wird, um den sich die Waren gruppieren in ihrem Wert." Was der einzelne produziert, hat dann den Wert all der Produkte, die er zu seiner Lebensgestaltung braucht. *(337a, 51)* Wenn die Währung auf die Produktionsmittel zurückgeführt wird, werden sich bis zu einem hohen Grad Werte vergleichen lassen. *(340, 210)* - Das durch Rechtsverhältnisse sowohl in Grund und Boden als auch in Produktionsmitteln fixierte Kapital schafft Scheinwerte, ebenso wie die einfache Notenvermehrung. Das hat aber reale Folgen: Andere Menschen, die auf diesem Boden leben oder mit diesen Produktionsmitteln arbeiten, werden geschädigt. *(340, 75f)* Drei jetzt noch vorhandene Werte; Unternehmergewinn, Rente und Lohn sind fraglich und müssen anders gestaltet werden. *(185a, 56f)*

Westen: (>Mitteleuropa, >Osten, >Weltherrschaft) Im Westen gilt die Halbwahrheit: die ökonomische ist die einzige Wirklichkeit. Die Aufgabe ist hier, den Verstand in das Wirtschaftsleben hineinzutragen. *(200, 75)*

Es entsteht der Industrialismus. *(83, 215)* Es herrscht das Nützlichkeitsprinzip *(191, 252f)* Auch Freiheit ist für den Amerikaner ein Nützlichkeitsprodukt. *(158, 217)* Staat und Wirtschaft sind verschmolzen. *(330, 137)* Der Staat ist „nur immer Dekoration" *(200, 38)* Die Gedankenformen der meisten Menschen in der zivilisierten Welt haben westliche Färbung. *(199, 109f)* Man wirkt durch die Gewalt, und das wird in der ganzen Welt in unserer Zeit als etwas Selbstverständliches hingenommen. *(186, 143)* Für die „Demokratisierung der Menschheit" muss man alles kurz und klein schlagen. *(177, 247)* „Das wirksamste Prinzip in der neueren Zeit, um die Macht auszudehnen über so viele Menschen als man braucht, ist .. das Prinzip der wirtschaftlichen Abhängigkeit, aber diese ist nur das Werkzeug. Dies im Westen verankerte Prinzip macht sich gerade dadurch unbemerkbar, dass es sich gerade umkleidet mit den Phrasen der Revolution und den Phrasen der Demokratie." *(178, 232f)* Auf dem Gebiet der englisch sprechenden Bevölkerung ist ein gewaltiger Gegensatz vorhanden zwischen dem öffentlichen Bewusstsein und dem Bewusstsein derer, die in die Ereignisse des Weltengangs eingeweiht waren oder sind. *(196, 10f)* „Die anglo-amerikanische Kultur .. verdankt ihre Erfolge dem Umstande, dass man in Weltgedanken denken kann." *(191, 82)* Der Westen, in dem sich ankündigt eine spätere hohe Geisteskultur, ist heute noch ganz in der Materie befangen. *(197, 158)* Aber der Weltherrschaft der materiellen Kultur „wird aus dem britischen Volke selbst heraus die Opposition erwachsen." *(185a, 105)*

Wirtschaft: (>Brüderlichkeit, >Assoziationen, >Leistung und Gegenleistung) „Alles bis in die höchsten Gebiete hinauf muss wirtschaftlich betrachtet werden. Wenn ein Engel heute auf die Welt herunterkäme .. würde er schon in das Wirtschaftsleben eingreifen. Er kann gar nicht anders." *(341, 19)* Durch die Wirtschaft „werden die menschlichen Bedürfnisse befriedigt; innerhalb ihrer stehen die Menschen mit ihrer Tätigkeit. Jeder hat innerhalb ihrer seine Teilinteressen; jeder muss mit dem ihm möglichen Anteil von Tätigkeit in sie eingreifen. Was einer wirklich braucht, kann nur er wissen und empfinden; was er leisten soll, will er aus seiner Einsicht in die Lebensverhältnisse des Ganzen beurteilen." *(23, 15)* Das eigentlich Wirtschaftliche ist Warenproduktion, Warenzirkulation und Warenkonsum. Es kommt auf den gegenseitigen Wert der menschlichen Arbeitsprodukte an. *(337b, 211)* Das muss getrennt werden von der Arbeit und vom Kapital. Denn über die Arbeit kommt das rechtliche/ staatliche Element und über das Kapital das, was das Wirtschaftsleben geistig trägt. *(338, 63f)* „In der wirtschaftlichen Organisation hat die aus der Erziehung für einen Wirtschaftszweig und die aus der Erfahrung in demselben gewonnene Vertrautheit mit ihm für die leitenden Persönlichkeiten die nötigen Gesichtspunkte abzugeben." *(23, 73)* Heute muss der Übergang gefunden werden vom wirtschaftlichen Liberalismus zum Assoziationsprinzip, aber nicht zum Staatssozialismus, denn Gemeinwirtschaft beseitigt nicht die Schäden des Privatkapitalismus. *(332a, 41f)*

Wirtschaft und Geld: (>Geld als Buchführung,

>Währung) In der Dreigliederung bekommt das Geld seinen Wert innerhalb der Wirtschaft. Es wird „als Zirkulationsmittel nur in dem Sinne vorhanden sein, dass es gewissermassen eine fliegende Buchhaltung ist. .. Es wird alles auf wirklicher Leistung und Gegenleistung beruhen .. Für die Leistung bekommt man gewissermassen den Schein ..". *(331, 224f)* Wenn Löhne und zugleich Lebensmittelpreise steigen und sich der Geldwert ändert, hilft nur die Geldverwaltung durch die Wirtschaft, damit das Geld, das da ist, Vergleiche des einen mit dem anderen hervorrufen kann. Der Geldwert ist dann „lediglich der Massstab für den gegenseitigen Wert der Waren (und Leistungen)." *(23, 135)* „Nicht der Staat wird durch Gesetze festzustellen haben, welches die Währung ist, wodurch die starken Preisschwankungen eigentlich zustande kommen, sondern im Wirtschaftsorganismus wird dasjenige eintreten können aus der blossen Verwaltung dieses Wirtschaftsorganismus heraus, was Geldverwaltung ist." *(336, 218)*

Wirtschaft - Mensch: (>Reinkarnation) Drei Dinge muss man sich „wenigstens in die intellektuelle Vorstellung bringen", wenn man die wirtschaftliche Struktur verstehen will: Sie hängt mit Abbau- und Todesprozessen zusammen; man fühlt unter sich die Leere, weil man in sich den Mittelpunkt seines Wesens finden muss; man lernt in voller Gewalt den Impuls des Egoismus kennen. *(186, 208)* „Was wären wir, wenn wir nur im äusseren, rein wirtschaftlichen Leben aufgehen würden? Wir wären denkende Tiere, nicht anderes." *(193, 52)* Die Wirtschaft muss so gestaltet werden, dass sie „vom menschlichen Willen abhängig wird .. durch die Assoziationen." *(337a, 280)* Was wir aus Willensimpulsen im Wirtschaftsleben entwickeln, das Arbeiten nicht nur für uns, sondern für andere, liefert uns die wichtigsten Impulse für das, was wir nach dem Tod in die geistige Welt tragen. *(193, 155)*

Wirtschaft - Natur: (>Natur und Unternatur, >Produktionsmittel) So wie der einzelne Mensch mit Bezug auf sein Leben auf der Begabung seines geistigen und körperlichen Organismus ruht, so ruht alles Wirtschaftsleben auf einer gewissen Naturgrundlage, also auf Bodenschätzen, Fruchtbarkeit usw.. *(328, 32)* Die Natur offenbart nicht mehr das Geistige. Jetzt gilt es, „in dem Wirtschaftlichen selber das zu finden, was man früher in der Natur gefunden hat." Hier gilt es, ein Geistiges zu bändigen. *(200, 95f)*

Wirtschaft und Recht: Wie das Kopfsystem vom Lungen-Herz-System abhängt, so das Wirtschaftssystem von der menschlichen Arbeitsleistung. Wie der Kopf nicht den Atem regelt, so sollte Arbeit nicht durch die Wirtschaft geregelt werden, sondern durch das Recht *(23, 61f)* „Ein Wirtschaftsleben, das von sich aus die Rechte der wirtschaftenden Menschen ordnet und nach den in ihm waltenden Interessen erziehen und unterrichten lässt, macht den Menschen zu einem Rade im Wirtschaftsmechanismus." *(24, 54)* „Das Recht muss von den wirtschaftenden Menschen von einer ausserhalb des Wirtschaftslebens liegenden Stelle empfangen und im Wirtschaftsleben nur angewendet werden." *(24, 63)*

Wirtschaft, Selbständigkeit: Heute umfasst das Wirtschaftsleben mehr, als es im gesunden sozialen Organismus umfassen soll. Man kann gegenwärtig „nicht allein Waren tauschen gegen Waren sondern durch denselben wirtschaftlichen Vorgang auch Waren gegen Arbeit und Waren gegen Rechte." *(23, 71f)*. Das Wirtschaftsleben kann nur frei werden, wenn daneben ein freies Rechtsleben und eine freie Geistespflege stehen, denn es erhält nur dann seinen Sinn, wenn es einem Inhalt des Menschenlebens dient, der über das Wirtschaften hinaus liegt. *(24, 81)* Das Wirtschaftsleben „muss ein selbständiges Glied für sich innerhalb des sozialen Organismus sein, so relativ selbständig, wie das Nerven-Sinnes-System im menschlichen Organismus." *(23, 62)* Bahn, Post usw. sollen vom Staat unabhängig sein. *(328, 115)* Denkbar ist eine Art Wirtschaftsräteschaft aus drei Unterorganisationen: Betriebsräte bzw. Betriebsleitungen haben es mehr mit der Produktion, die Verkehrsräte mit der Güterzirkulation und die Wirtschaftsräte mit der Konsumgenossenschaft im weiteren Sinne zu tun. *(331, 144)* „Den Schwachen gegenüber dem Starken schützen, kann ein Wirtschaftsleben, das nur aus seinen eigenen Kräften heraus gestaltet ist." *(23, 19)*

Wirtschaft, Vertragsprinzip: „Man kann nur wirtschaften, wenn man Zusammenhänge herstellt zwischen den verschiedenen Arten von Leistungen. .. Es müssen auch Leistungen, die erst in der Zukunft erbracht werden, vorausgesehen werden. .. Weil also alles im Wirtschaftsleben auf Leistung und Gegenleistung beruhen muss und weil diese beiden von verschiedenen

Dingen abhängig sind, muss im Wirtschaftsleben alles beruhen auf dem Vertragsprinzip. ... Ein Vertrag ist immer irgendwie befristet. Wenn keine Leistungen mehr erbracht werden, dann verliert er seinen Wert. Darauf beruht das ganze Wirtschaftsleben." *(331, 166f)* Die Verträge unterliegen dem Recht, aber es darf keinen politischen Einfluss geben, also keine Berechtigungen oder Verpflichtungen für Leistungen. Die Verträge müssen von der auf Einsicht ruhenden Initiative der Einzelmenschen abhängen und dürfen nicht nach den Forderungen des ungeregelten Marktes geschlossen werden, sondern nach den Bedingungen der sich den Bedürfnissen gemäss assoziierenden Betriebszweige. *(24, 61f)*

Wirtschaftliche Urzelle: (>Weltwirtschaft, >Preisformel, >Geldschöpfung) Die Sozialisierung des Einzelbetriebes kann sich nur aus der Sozialisierung eines geschlossenen Wirtschaftsgebietes ergeben. „Es wird viel davon anhängen, dass man über einen grossen Bereich hin eine wirtschaftliche Urzelle findet." *(331, 127)* Ein Wirtschaftsleben ist in sich vollendet, das Produktionsmittel und den Boden hat, das den physischen und den geistigen Arbeiter hat. Dann entsteht die Leistung, die im menschlichen Leben Gegenleistung notwendig macht, und es entsteht das „Urgebilde des Wirtschaftslebens". Das „Kapital" „dringt nur ein, um .. diesen Wirtschaftsprozess zu verunreinigen." *(336, 243)* „Durch den Geldverkehr wird ein Wirtschaftsgebiet eine einheitliche Wirtschaft. Jeder produziert auf dem Umwege durch das ganze Wirtschaftsleben für jeden." *(23, 130)*

Wissenschaft und Weltanschauung: (>Naturwissenschaft, >Geisteswissenschaft) „Vor allen Dingen ist auch unser Wissenschaftsbetrieb ein Ergebnis der kapitalistischen Wirtschaftsordnung. .. Und wir stehen heute vor der Notwendigkeit, .. uns für ein freies Wissen zu entscheiden ..“ *(330, 61)* - Es gibt drei Stufen des Erkennens: Das gewohnheitsmässige Hinnehmen der realen Aussenwelt, die physische Naturerkenntnis (Empirie). Dann das mathematische Durchdringen dieser Aussenwelt, nachdem wir zuerst die reine Mathematik ausgebildet haben. Das dritte wäre ein Erleben des Geistes, auch innerlich intim wie das mathematische Erleben, aber mit dem Charakter der geistigen Wirklichkeit. *(324, 25)* Alle Erkenntnis muss im Entwickelungsprozess der Menschheit ein Heilfaktor sein. *(198, 20)* „Das, was man heute als Wissenschaft ansieht, das umfasst weder die physisch-körperliche noch die geistig-seelische Natur des Menschen.“ *(199, 72f)* - Man braucht sich nicht zu fürchten vor irgendeiner anderen Weltanschauung, „wenn man den eigenen Enthusiasmus und die Kraft für eine eigene Weltanschauung hat. Diese Dinge sollen im freien Geistes-Wettstreit sich ausbilden können, aber jedenfalls nicht durch staatliche Gesetzmässigkeit.“ *(330, 324)*

Zins; gleichzeitig Geldalterung: (>Geld, Alterung) Für Ersparnisse „aus den Leistungen der eigenen Arbeit“ wird „ein aus dem Rechtsbewusstsein sich ergebender, durch den Rechtsstaat festzusetzender Zins von dem zu leisten sein, dem solche Ersparnisse zum Schaffen von Produktionsmitteln gegeben werden.“ *(23, 115)* „So wie Arbeiten in der Gegenwart eine Gegenleistung haben, so müssen sie auch in der Zukunft, wenn sie aufgespart werden, eine Gegenleistung hervorrufen. Das Wirtschaftsleben macht es notwendig, dass vergangene Arbeit in der Zukunft verwendet wird. Nehmen sie dazu, dass das Kapital sich nach und nach aufzehrt. Während sich jetzt das Kapital in fünfzehn Jahren verdoppelt hat, wird es in Zukunft in fünfzehn Jahren ungefähr aufhören zu existieren. .. So trägt das Kapital keine Zinsen, aber es muss die Möglichkeit geschaffen werden, dass das, was früher gearbeitet wurde, in einer künftigen Leistung enthalten ist. .. da nenne ich die dafür gerechte Vergütung den Zins. Deshalb habe ich aber auch ausdrücklich gesagt: Es gibt keinen Zins vom Zins. Den kann es nicht geben. Das Geld wird stinkig. Es geht … verloren." *(331, 189f)* Zinseszins „ist ein völliger Unsinn": „Man tut gar nichts; man legt sein Geld, das man vielleicht auch nicht erarbeitet, sondern ererbt hat, auf die Bank und bekommt Zinsen dafür." *(186, 50f)*

Zölle und Freihandel: Ein Wirtschaftsleben sozial dreigliedriger Organismen wird „dem Ideal des Freihandels zustreben. Dieser wird bei einem einheitlichen Weltwirtschaftsgebiet die günstigste Grundlage dafür bieten, dass nicht in einzelnen Erdgebieten zu teuer oder zu billig produziert wird. Ein von nicht sozial dreigliedrigen Organismen umgebener Gesellschaftskörper mit selbständiger Wirtschaftsverwaltung wird allerdings genötigt sein, gewisse Produktionszweige vor einer wirtschaftlich unmöglichen Verbilligung dadurch zu schützen, dass er Zölle erhebt, deren Verwal-

tung damit betraute Assoziationen innerhalb des Kreises des Wirtschaftslebens zugunsten gemeinnütziger Werke besorgen." *(24, 228f)*